DON BOSCO
VERLAG

Andrea Erkert

# Spiele zum Abbau von Aggressivität

Don Bosco

Bibliografische Information Der Deutschen Bibliothek

Die Deutsche Bibliothek verzeichnet diese Publikation in der
Deutschen Nationalbibliografie; detaillierte bibliografische
Daten sind im Internet über <http://dnb.ddb.de> abrufbar.

1. Auflage 2003 / ISBN 3-7698-1391-X
© 2003 Don Bosco Verlag, München
Umschlaggestaltung: Alexandra Paulus, Ensdorf
Illustrationen: Logo-Grafik, Cornelia Menichelli, München
Produktion: Don Bosco Grafischer Betrieb, Ensdorf

Gedruckt auf umweltfreundlichem Papier

# Inhalt

# Was man über aggressives Verhalten wissen sollte

## Weshalb Aggressionen so gefürchtet sind

In unserer Gesellschaft wird die Aggression häufig in Verbindung mit negativen Verhaltensweisen gebracht, die von kleinen Feindseligkeiten bis hin zum Vandalismus oder gar Tötungsabsichten reichen.
Im Gegensatz dazu spricht kaum jemand von einer positiven Aggression, bei der wir beispielsweise in einer brenzligen, lebensbedrohlichen Situation sofort aktiv werden.

Die Verhaltensweisen von Kindern in der so genannten Trotzphase sind im Grunde genommen „normale" Aggressionen, die zur gesunden Entwicklung gehören und nicht überbewertet werden sollten.

Im pädagogischen Bereich werden jedoch unter dem Begriff „Aggressivität" meist die Wutausbrüche eingeordnet, die ohne Hemmschwellen und Grenzen gegen andere oder sich selbst sowie

gegenüber Sachen ausgelebt werden. Bedrohen, brüllen, schlagen, beißen, spucken, kratzen, stauchen und treten sind Beispiele dafür, wie Kinder aus dem geringsten Anlass heraus im Alltag reagieren können. Diese ungesteuerten Wutausbrüche lösen vor allem bei jüngeren, schwächeren und zurückhaltenden Kindern, die entweder direkt oder indirekt betroffen sind, erhebliche Ängste aus. Natürlich geht das nicht spurlos vorüber! Kinder, die sich in irgendeiner Weise bedroht fühlen, leiden beispielsweise häufiger unter Schlaf- und Essstörungen und klagen öfter über Kopf- und Bauchschmerzen. Neben den gesundheitlichen Problemen zeigen die Kinder meistens auch Verhaltensauffälligkeiten, die im schlimmsten Fall zu einer Verweigerung des Kindergartens- oder Schulbesuchs führen können. Wie heftig letztendlich der Einzelne die Aggression empfindet, kann sehr unterschiedlich sein. So gibt es immer wieder Kinder, die sich wegen irgendwelchen Kleinigkeiten in die Haare kriegen und im nächsten Augenblick wieder völlig friedfertig miteinander spielen. Andere Kinder hingegen sind bei einem bösen Wort oder einer herabsetzenden Geste bereits verunsichert oder maßlos entsetzt.

Natürlich ist kein Erwachsener über derartige Verhaltensweisen erfreut. Trotzdem kann ein beobachtetes Verhalten sehr unterschiedlich eingeschätzt und gewertet werden. Denn unserer Wertung unterliegen auch die negativen Erfahrungen und Erlebnisse, welche wir vielleicht selbst in unserer Kindheit machen mussten. Deshalb sollten wir solche Ereignisse wieder in unsere Erinnerung rufen, um sie dann zu reflektieren und zu verarbeiten.

Sind wir dennoch davon überzeugt, dass der Frieden in der Kita oder der Schulklasse durch den Zorn, die Wut und den Ärger des einen oder anderen Kindes beeinträchtigt ist, dann werden wir meist alles dafür tun, damit die gewünschte Harmonie auf dem schnellsten Weg wieder hergestellt wird. Deshalb werden häufig Strafen und Sanktionen angedroht, sowie bei Streitigkeiten rasch die Schuldigen gesucht. Sicherlich kann das hastige Eingreifen in einer Konflikt-

situation dadurch begründet sein, dass sich die Kinder gegenseitig weh tun oder sogar ernsthaft verletzen. Vor allem Bauklötze, Scheren, Steine oder Stöcke, welche in den Händen der Kontrahenten eine Gefahr darstellen können, dürfen nicht einfach kommentarlos ignoriert werden. Auch dann nicht, wenn wir lustlos, gestresst und müde sind oder einfach keine Kraft mehr für die tagtäglichen Reibereien von manchen Kindern haben. Wegschauen und dadurch die konflikthafte Situation nicht wahrhaben wollen sind ebenfalls Signale dafür, dass wir die Aggression zwar als unangenehmen Störfaktor erleben, uns jedoch vor einer Auseinandersetzung scheuen oder gar fürchten. Wer so reagiert, vergisst allzu leicht, dass Konflikte zu unserem Leben gehören und durchaus positive Veränderungen mit sich bringen können. Deshalb müssen wir den Kindern vorleben, dass wir selbst vor Konflikten nicht zurückschrecken, sondern uns diesen stellen. Die Kinder müssen lernen, dass Konflikte auf Probleme aufmerksam machen und nach fairen Lösungsmöglichkeiten für alle Beteiligten verlangen. Gelingt dies, dann werden Konflikte im Alltag auch nicht als ein unliebsames Übel betrachtet!

## Mögliche Ursachen für aggressive Verhaltensweisen

Die Gründe, warum manche Kinder ihre Konflikte mit Gewalt zu lösen versuchen, sind sehr unterschiedlich und vielfältig. Dennoch sollen einige Faktoren, die ein aggressives Verhalten begünstigen können, in diesem Kapitel beschrieben werden.

Besonders nach einem Wochenende kann man in Kindergärten und Schulen immer wieder beobachten, dass eine Vielzahl von aggressiven Verhaltensweisen, die Kinder durch das Ansehen von bestimm-

ten Fernseh- und Videofilmen, sowie Computerspielen zwangsläufig mitbekommen, nachgeahmt werden. Das trifft vor allem dann zu, wenn das Kind einerseits die Fernsehfigur liebt und andererseits die dargestellte Situation eine gewisse Ähnlichkeit zum Alltag des Kindes aufweist. Problematisch wird es zudem, wenn gezeigte negative Verhaltensweisen den Anschein erwecken, dass sie durchaus lohnenswert sein können. Außerdem ist eine Beeinflussung durch Gewaltszenen dann gegeben, wenn die Kinder stundenlang allein vor dem Bildschirm sitzen und auch sonst im Alltag von ihrem familiären Umfeld wenig zwischenmenschliche Zuwendung erhalten. Hierzu sei noch erwähnt, dass Kinder, die viel fernsehen, meist unter einem großen Bewegungsmangel leiden und deshalb nicht nur zu negativen Verhaltensweisen, sondern auch verstärkt zu gesundheitlichen Problemen tendieren können.

Neben dem Ansehen von medialer Gewalt werden aggressive Verhaltensweisen vor allem durch eine permanente Vernachlässigung und seelische Verwahrlosung begünstigt, die in allen sozialen Schichten vorkommen kann. Dazu gehören Kinder, die beispielsweise bereits morgens vor dem Bildschirm sitzen, ihre Freizeit überwiegend auf der Straße verbringen, den Haushalt nahezu alleine versorgen, über eine mangelnde Körperhygiene verfügen, viel zu wenig zu Essen bekommen und somit unterernährt sind. Besonders tragisch wird es dann, wenn in irgendeiner Form Missbrauchshandlungen festgestellt werden, welche die Kinder oftmals über mehrere Jahre erdulden müssen. Solche Verhaltensweisen gegenüber Kindern, die keineswegs zu entschuldigen sind, können u. a. auf Schwierigkeiten in der Partnerschaft, ungewollte Schwangerschaft, beengte Wohnverhältnisse, finanzielle Probleme und Alkoholismus zurückzuführen sein.

Außerdem geben Eltern, welche in erforderlichen Situationen keine Grenzen setzen und eindeutig „Nein" sagen können, ihren Kindern weder einen sicheren Halt noch die notwendige Orientierung. Das

gleiche gilt auch, wenn Eltern ihre Kinder ständig enttäuschen, weil sie sie in ihren Fähigkeiten nicht anerkennen und wertschätzen. Darüber hinaus können Jungen, die für ihre Identitätsfindung einen Vater brauchen, diesen aber aus welchen Gründen auch immer entbehren müssen, eher zu aggressiven Verhaltensweisen neigen.

Trotz alledem wäre es viel zu einfach, die unerwünschten Verhaltensweisen der Kinder lediglich auf das Elternhaus zu schieben. Vielmehr sollten wir unser Augenmerk auch auf die Gesellschaft richten, welche einerseits die Zunahme von Aggressivität beklagt und sich andererseits sparsam zeigt, wenn es um die Bereitstellung von attraktiven Kinderspielplätzen, Krippen und Ganztagsbetreuungsplätzen in Kitas und Schulen geht.

Vor allem Kinder, die in der Stadt aufwachsen, finden immer weniger zu Fuß erreichbare Grünflächen, die ein ungestörtes, gefahrloses Spielen im Freien erlauben. Dies wiederum hat zur Folge, dass viele Kinder sehr viel Zeit in ihren kleinen Kinderzimmern verbringen. Abgeschnitten von der natürlichen Lebenswelt sitzen die Kinder oftmals allein und passiv in ihrem mit Spielsachen überfüllten Kinderzimmer und das obwohl sich der ganze Wohnraum für das Spiel des Kindes anbieten würde. So kommt es, dass Kinder nach neuesten, angesagtesten Konsumgütern verlangen als Ersatz für das, was ältere Generationen noch selbstverständlich als freies Spiel draußen erleben durften. Meist ist es dann nur eine Frage der Zeit, bis die innere Leere so groß ist, dass das Kind erste Verhaltensauffälligkeiten zeigt. Ein erster Hilferuf!

Bleiben die Grundbedürfnisse des Kindes, wie Liebe, Geborgenheit, Zuwendung und Zeit, dennoch unbeachtet, dann braucht man sich nicht zu wundern, wenn ernsthafte Streitigkeiten und Schlägereien bereits zum Alltag von immer jünger werdenden Kindern gehören.

## Was tun, wenn Kinder wütend sind?

Wenn wir beobachten, dass ein Kind vor lauter Zorn einen Bauklotz gegen einen Schrank wirft oder sich zwei andere Kinder völlig hemmungslos gegenseitig stauchen und mit den blanken Fäusten ins Gesicht schlagen, dann empfinden wir in der Regel sehr schnell eine Mischung aus ungeheuerer Wut, Betroffenheit und Enttäuschung. In diesem Moment sind solche Gefühle sicherlich auch verständlich, doch will man Kindern wirklich Wege aufzeigen, wie sie besser mit ihrem Ärger und ihrer Frustration umgehen können, dann müssen wir uns zunächst über das, was wir als Gewalt betrachten, im klaren sein. Eine solche Vorgehensweise setzt allerdings voraus, dass wir uns nicht nur mit unterschiedlichen Gewaltsituationen auseinander setzen und diese kritisch beleuchten, sondern uns auch fragen, inwieweit wir selbst Gewalterfahrungen haben.

Was aber kann man in konkreten Situationen tun? Manchmal kann es sinnvoll sein, dass wir ein Kind, welches einen Wutanfall hat, möglichst nicht beachten. Dabei lernt das Kind, dass sein unangemessenes Verhalten unwirksam und somit nutzlos ist, um ein bestimmtes Ziel zu erreichen.
Sollten wir aber feststellen, dass Kinder sich gegenseitig schlagen, dann müssen wir unbedingt eingreifen und klare Grenzen setzen. In einer solchen Situation ist es vor allem ratsam, möglichst ruhig auf die betreffenden Kinder zuzugehen. Haben sich die Gemüter etwas beruhigt, sollte ein klärendes Gespräch folgen, bei dem wir weder eine Moralpredigt abhalten noch Schuldzuweisungen und Vorwürfe machen dürfen. Vielmehr müssen wir den Kindern ganz bewusst und breitwillig zuhören, ihre Gefühle und Empfindungen wahrnehmen, sowie diese benennen. Dabei müssen die Kinder aber auch verstehen, warum wir das unerwünschte Verhalten missbilligen.

Um dies begreiflich zu machen, ist es erforderlich, dass die Kinder etwas über unsere Gedanken und Gefühle erfahren. So müssen die Kinder beispielsweise spüren, dass wir eindeutig Stellung für das Opfer beziehen. Damit das gelingt, sollten wir den Kindern eine angemessene Rückmeldung geben, so dass sie sich weder angegriffen noch gekränkt und in die Enge getrieben fühlen. Durch eine solche Art und Weise wird den Kindern ermöglicht, ohne schlechtes Gewissen über ihre Gefühle und Probleme zu sprechen. Wenn wir zudem sparsam mit unseren noch so gut gemeinten Ratschlägen umgehen, erhalten die Kinder eine echte Chance selbst auf eine Lösung für ihr Problem zu kommen.

Sobald für alle Beteiligten eine zufriedenstellende Lösung gefunden werden konnte, sollte man es nicht versäumen, diese nach einer gewissen Zeit gemeinsam zu reflektieren und gegebenenfalls zu verändern oder zu ergänzen. Unabhängig davon, welcher Lösungsweg vereinbart wurde, müssen wir den Kindern einen Vertrauensvorschuss gewähren und ihre auch noch so kurzfristige und kleine Verhaltensänderung, die zu einer Verbesserung des Sozialverhaltens beitragt, loben. Diese Anerkennung und Bestätigung, welche Kinder brauchen, führt zu einer emotionalen Sicherheit und stärkt das Selbstbewusstsein.[1]

---

[1] Neben dem Verstärken von positiven Verhaltensweisen können auch Projekte, wie beispielsweise das Projekt „Schule mit Jule", welches von Bernd Retzlaff, einem Lehrer der Ernst-Leitz-Schule im südbadischen Sulzburg ins Leben gerufen wurde, in die Gewaltprävention miteingebracht werden: Zwei Labradorhündinnen mit Namen Nina und Jule begleiten Bernd Retzlaff tagtäglich zur Schule und gehören somit mittlerweile zur Schulgemeinschaft. Sind diese „Hilfslehrer" im Klassenzimmer anwesend, ist weder Schulangst noch Aggressivität zu spüren, so dass es bei weitem weniger Streit und Ärger unter den Hauptschülern gibt. Außerdem werden die Schüler durch den direkten Kontakt mit den Hunden dazu motiviert, dass sie Verantwortung übernehmen und Regeln einhalten.

Um Aggressionen abbauen zu können, bedarf es außerdem bewegungsfreundlicher und behaglicher Räumlichkeiten, sowie gezielter Angebote, bei denen u. a. Eigeninitiative gefragt ist, Kräfte messen erlaubt ist, Selbstdisziplin geübt, Gemeinschaftsgefühl entwickelt und der kindliche Bewegungsdrang befriedigt wird. Solche pädagogischen Maßnahmen im Einzelnen zu beschreiben und dabei aufzuzeigen, wie diese in die Praxis schnellstmöglich und erfolgreich umgesetzt werden können, hat sich das vorliegende Fachbuch zur Aufgabe gemacht.

# Zusammenarbeit mit den Eltern

## Konkrete Vorgehensweisen für ein Elterngespräch

Beratungsgespräche in Kindergärten und Schulen sind eine wesentliche Form der Elternarbeit und für ein gutes Miteinander unerlässlich. Allerdings werden die Eltern häufig erst dann in die Einrichtung eingeladen, wenn aufgrund von Problemen konkreter Beratungsbedarf besteht. Weitaus besser ist es, wenn alle Eltern mindestens einmal im Jahr einen Gesprächstermin erhalten. Auf diese Weise lassen sich Ängste und Befürchtungen, die manche Eltern vor einem Gesprächstermin haben, minimieren. Außerdem gewinnen pädagogische Fachkräfte, die vielleicht noch zu wenig Berufserfahrungen haben, mit jedem weiteren Elterngespräch ein größeres Stück Sicherheit. Empfehlenswert ist es, die Beratungsrunde mit den Eltern zu starten, bei denen keine Probleme besprochen werden müssen.

Geht es um eine Beratung, bei der Probleme im Vordergrund stehen, müssen wir uns um so mehr über das, was wir durch das Gespräch erreichen wollen, bewusst sein. Wollen wir eine Verhaltensänderung

bei einem Kind bewirken, kann es hilfreich sein, wenn wir das Gespräch mit einer zweiten Person aus dem Kollegenkreis führen. Zum einen kann diese Person ihre Sichtweise schildern und zum anderen sitzt man den Eltern nicht alleine gegenüber. Manchmal kann es aber auch erforderlich sein, dass ein Psychologe zu dem Gespräch eingeladen wird. Besonders aggressive Kinder erleben meist Gewalt innerhalb ihrer Familie, sodass die Eltern, die selbst verzweifelt und verbittert sind, die professionelle Hilfe und Unterstützung einer Beratungsstelle brauchen. Manchmal kann es zudem von Nöten sein, einen entsprechenden Übersetzer einzuladen, der Eltern, die über unzureichende Deutschkenntnisse verfügen, zur Seite steht. (Er ist auf seine Schweigepflicht hinzuweisen.) Natürlich sind die Eltern im voraus darüber zu informieren, wenn das Gespräch im Beisein von weiteren Personen geführt wird.

**Was sollte man tun, bevor das Elterngespräch beginnt?**
Wurden beide Elternteile, die das Sorgerecht haben, informiert und in die Einrichtung eingeladen, sollten einige Vorbereitungen getroffen werden, die einen Gesprächseinstieg erleichtern.

So bietet beispielsweise ein runder Tisch, um den alle Beteiligten genügend Platz haben und zueinander einen guten Blickkontakt herstellen können, die beste Voraussetzung für einen lebendigen Dialog. Dieser kann allerdings nur dann entstehen, wenn sich die Gesprächsteilnehmer unbeobachtet fühlen. Fenster und Glastüren ohne Vorhänge oder Jalousien, bei denen das Elterngespräch jederzeit durch Dritte beobachtet werden kann, sind deshalb ungeeignet. Stattdessen sollte man darauf achten, dass sich die Eltern wohlfühlen und natürlich die Erzieherin oder Lehrerin selbst ebenfalls. Aus diesem Grund ist eine angenehme Zimmertemperatur genauso wichtig wie die Tasse Tee oder Kaffee.

Damit während des Elterngesprächs keine unliebsamen Unterbrechungen von außen erfolgen, kann man beispielsweise den Telefon-

hörer abheben, sowie ein einfaches Schild vor der Türe mit der Aufschrift „Bitte nicht stören!" anbringen. Manchmal ist aber auch eine Kurzmitteilung an das Team völlig ausreichend, um dieses Ziel zu erreichen.

**Worauf sollte man achten, damit das Elterngespräch erfolgreich verläuft?**

Sind die Eltern zur Sprechstunde gekommen, ist eine gute Gesprächsführung gefragt. Die Erfahrung zeigt, dass Eltern, die zunächst etwas Erfreuliches über ihr Kind hören, eher bereit sind, offen über die eigentliche Problematik zu sprechen.

Schildern die Eltern uns ihren Eindruck, den sie beispielsweise von ihrem Kind zu Hause haben, sollten wir genau wie bei den Kindern aktiv zuhören. Das dabei Notizen unangebracht sind, dürfte sich von selbst verstehen. Vielmehr müssen wir unsere ganze Aufmerksamkeit den Gefühlen widmen, welche wir hinter einer Aussage heraushören. Indem die Gefühle benannt werden, fühlen sich die Eltern verstanden. Dadurch erhalten sie zugleich eine gute Möglichkeit, selbst einen geeigneten Lösungsweg für ihr Problem zu finden. Damit die Eltern zudem verstehen, was das Verhalten ihres Kindes für die Gruppe, aber auch für die Erzieherinnen oder Lehrer im Alltag bedeutet, müssen wir das, was uns stört, sachlich zum Ausdruck bringen. Dabei ist darauf zu achten, dass wir nicht nur unsere Beobachtungen mitteilen, sondern auch unsere Gefühle und Empfindungen offen aussprechen. Darüber hinaus sollten wir den Eltern sagen, wie wir mit den unerwünschten Verhaltensweisen des Kindes umgehen. Natürlich müssen an dieser Stelle auch die Möglichkeiten und Grenzen, die alle Beteiligten haben, miteinander erörtert werden. Wurden dann Vereinbarungen getroffen, welche für das Kind hilfreich sind, ist es ratsam, die daraus resultierenden Erfahrungswerte in einem zweiten Elterngespräch zu reflektieren.

## Gestaltung eines lebendigen Elternabends zum Thema „Wie Kinder an echter Stärke gewinnen"

Sind Kinder in der Einrichtung, die zu aggressiven Verhaltensweisen neigen, kann ein Elternabend mit dem Schwerpunkt „Gewaltprävention", zu dem alle Eltern rechtzeitig eingeladen werden, hilfreich sein. Damit möglichst viele der schriftlichen Einladung folgen, muss ein Tag und eine Uhrzeit gewählt werden, welche für den überwiegenden Teil der Elternschaft geeignet ist. (Tage, an denen beispielsweise „wichtige" Fußballspiele im Fernsehen übertragen werden, sollte man deshalb am besten gleich ausschließen.)

Um die Neugier und das Interesse der Eltern zu wecken, muss das Thema kurz und informativ geschildert werden. Dabei sollten die Eltern auch erfahren, was sie methodisch erwartet. Entnehmen die Eltern dem Schreiben, dass es um einen sachlichen Austausch in Erziehungsfragen geht, bei denen sie sich einbringen können, werden Befürchtungen, sich vor versammelter Mannschaft offenbaren zu müssen, genommen. Kreativ und fantasievoll gestaltete Einladungsschreiben sind zudem besonders ansprechend, sodass sie in der Regel von allen Eltern gerne angenommen werden. Ist man sich trotz allem unsicher, wie viele Elternteile der Einladung letztendlich folgen, empfiehlt es sich einen Rückmeldeabschnitt anzufügen, welcher spätestens drei Tage vor der eigentlichen Veranstaltung in der Einrichtung abzugeben ist.

Bevor allerdings die Einladung geschrieben, gestaltet und ausgeteilt wird, muss man sich im Team zunächst darüber einig werden, was man durch den Elternabend bewirken möchte.

**Die Ziele für den bevorstehenden Elternabend können u. a. sein, dass**

– sich alle Beteiligten während des Elternabends wohl fühlen (evtl. Getränke und Salzgebäck, Kekse etc. bereitstellen!),

– die Eltern Zeit erhalten, um ihre Erwartungen zu äußern,

– betroffene Eltern spüren, dass sie mit ihren Gefühlen, Ängsten und Bedenken nicht alleine sind,

– Fragen der Eltern aufgegriffen und Erfahrungen untereinander austauscht werden,

– die Eltern die Möglichkeit erhalten, selbst Lösungswege für das eine oder andere angesprochene Problem zu finden,

– Spiele und Übungen, bei denen sich die Kinder gut abreagieren können, nicht nur geschildert, sondern auch miteinander erprobt werden,

– die Eltern ermutigt werden, Erzieherinnen und Lehrkräfte als Partner im Erziehungsprozess anzusehen.

Entscheidend ist auch die grundlegende Haltung, mit der pädagogische Fachkräfte den Eltern begegnen:
Alle Anliegen, Fragen, Probleme und Wünsche der Eltern sind stets ernst zu nehmen. Die Eltern werden ermutigt und nicht belehrt, moralisiert oder gar geängstigt.
Wurden die Ziele miteinander vereinbart, dann muss man sich überlegen, wie diese im Laufe des Abends erreicht werden können. Dabei spielt der Aufbau des Elternabends eine entscheidende Rolle. Dieser kann nach einer offiziellen Begrüßung und einer kurzen Ablaufschilderung folgendermaßen aussehen:

**Ablauf**
**A. Ankommen im Raum – Miteinander in Kontakt treten**
**(5-10 Minuten)**
Hierzu eignet sich das *Anwärmspiel „Inselbegegnungen"*. Dazu benötigt man Stühle, einen Kassettenrekorder oder CD-Spieler und aktuelle Tanzmusik.

19

*So wird gespielt:* Jeweils vier bis sechs Stühle, die bereits kreisförmig angeordnet sind, bilden eine Insel. Die Eltern, welche sich alle im Raum zur Musik bewegen, lauschen aufmerksam bis die Musik stoppt. Daraufhin müssen die Eltern sofort reagieren und sich auf einen nächstmöglichen freien Platz setzen. Haben alle Eltern einen Platz gefunden, dann begrüßen sich immer die Eltern der Insel gegenseitig. Setzt die Musik erneut ein, werden die einzelnen „Inseln" wieder verlassen.

**B. Hauptteil – „Wie Kinder an echter Stärke gewinnen" (45-60 Minuten)**
*Folgende Materialien sollten dafür bereit liegen:* DIN A4-Blätter, Kugelschreiber, zwei weiße Fotokartons im Format 70×50 cm, dicke Filzstifte, Klebeband

*Schritt 1:* Nachdem das Anwärmspiel drei bis fünf Mal durchgeführt wurde, bleiben die Eltern auf ihren Stühlen sitzen und besprechen innerhalb ihrer „Inselgruppe" ihre Erwartungen an den Elternabend miteinander. Kurz und präzise werden alle Erwartungen von einem aus der Gruppe ausgewählten Repräsentanten aufgeschrieben, der sie auch im Plenum vorträgt. Um die Ergebnisse der einzelnen „Inseln" zusammenzutragen, kommen alle im großen Stuhlkreis zusammen. Wurden alle Punkte genannt, sollte derjenige, der den Elternabend moderiert, klar und deutlich sagen, dass Erwartungen zum Erhalt von Rezepten und Garantieversprechen, nicht erfüllt werden können.

*Schritt 2:* Anschließend werden die Eltern gefragt, was sie unter dem Begriff „Aggression" verstehen. Selbstverständlich sollte dabei auch auf die positive Aggression, bei der wir beispielsweise in Notsituationen ohne zu zögern handeln, hingewiesen werden.
Wann wird ein Verhalten als aggressiv empfunden? Wenn diese Frage diskutiert wird, gehen die Meinungen sicherlich auseinander.

Dennoch sollte man miteinander besprechen, warum die eine oder andere Verhaltensweise unterschiedlich eingeschätzt werden kann. Vielleicht sind manche Eltern der Ansicht, dass ihre Kinder sich nicht alles gefallen lassen brauchen.

*Schritt 3:* An dieser Stelle empfiehlt es sich, die Ursachen für aggressive Verhaltensweisen gemeinsam zu erörtern und stichwortartig auf einem großen Fotokarton aufzuschreiben, welcher an einem gut sichtbaren Platz angebracht ist. Indem alle Teilnehmer sämtliche Punkte hören und vor Augen geführt bekommen, wird rasch klar, dass ein gewaltbereites Verhalten durch höchst unterschiedliche Faktoren begünstigt werden kann.

*Schritt 4:* Hierbei stellt die Moderatorin/Referentin die folgende Frage: „Wie können Kinder an „echter" Stärke gewinnen?" Mögliche Antworten der Eltern, wie Liebe, Geborgenheit, Vertrauen, Verständnis, Sicherheit, Halt, Lebensfreude, Spielkameraden, Zeit, Sinneserfahrungen, Ich-Stärke, Einfühlungsvermögen, gutes Selbstwertgefühl etc., sollte man ebenfalls auf einem großen Fotokarton schriftlich festhalten. Damit die Eltern merken, dass sie den möglichen Ursachen nicht völlig hilflos ausgesetzt sind, sollte dieser Fotokarton neben dem anderen platziert werden.

*Schritt 5:* Anschließend bietet es sich an, drei bis vier prägnante Stichworte herauszugreifen, um diese dann etwas intensiver miteinander zu diskutieren. In diesem Zusammenhang können vier bis sechs der nachfolgenden Übungen und Spiele vorgestellt, gemeinsam erlebt und miteinander besprochen werden. Dazu werden die Fähigkeiten, welche bei den einzelnen Übungen und Spielen gefördert werden, genannt. Außerdem sind Bedenken und Fragen, welche bei der Durchführung von praktischen Beispielen aufkommen können, aufzugreifen und miteinander zu erörtern.

## C. Abschlussrunde – Auswertung des Elternabends
## (15 - 20 Minuten)

Sind am Ende keine Fragen zum Thema mehr vorhanden, kann man auf die ausgestellten Bücher und Spiele, sowie die bereitliegenden Broschüren der sozialen Dienste hinweisen.

Zur Auswertung des Abends werden den Eltern Fragebögen ausgehändigt. Außerdem sollten genügend Kugelschreiber bereit liegen.

Die Fragebögen sehen eine kurze Bewertung des Einladungsschreibens, der Organisation, des Informationsteils, des Ablaufs und der eingesetzten Methoden vor und fragen nach, ob die Erwartungen erfüllt wurden und wie die Atmosphäre erlebt wurde. Außerdem kann man Eltern auch Fragen zu den einzelnen Übungen und Spielen sowie zu weiteren Themenwünsche schriftlich beantworten lassen. Der Bogen, welcher anonym beantworten werden darf, hat den Vorteil, dass alle Eltern ganz angstfrei vorhandene Kritikpunkte und Wünsche äußern können.

Denkbar ist aber auch eine offene Auswertung im Stuhlkreis, bei dem die einzelnen Eltern zueinander einen guten Blickkontakt haben. Damit alle Beteiligten wissen, wer momentan das Wort hat, bietet sich beispielsweise ein Antistress-Ball oder ein Speckstein an, der während des Erzählens in Händen gehalten und anschließend weitergereicht wird an den nächsten Erzähler. Bevor man sich dann von den Eltern verabschiedet, sollte man es nicht versäumen, sich bei allen Beteiligten für die aktive Teilnahme zu bedanken.

# 1. Ich bin stinksauer und unheimlich wütend

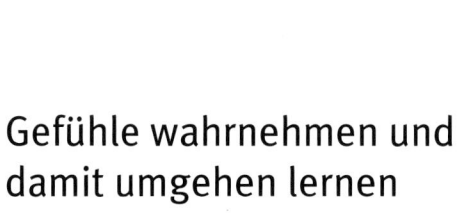

## Gefühle wahrnehmen und damit umgehen lernen

Sollen Kinder darin bestärkt werden, dass sie ihren momentanen Empfindungen und Stimmungen nicht in Form von Gewalt Luft machen, dann müssen sie ihre Gefühle bewusst wahrnehmen, einschätzen und ausdrücken lernen. Damit das gelingt, brauchen Kinder die Unterstützung von Erwachsenen, die ihnen zuhören und Handlungsmöglichkeiten für den Umgang mit den eigenen Gefühlen aufzeigen. Indem die Kinder lernen, ihre Gefühle zu differenzieren und nicht zu unterdrücken, erleben sie, dass diese wichtig und bedeutsam sind. Denn sobald Kinder auch über ihre unangenehmen Gefühle sprechen, die meist schwer im Magen liegen, sind sie nicht dem, was sie innerlich bewegt, machtlos ausgeliefert. Vielmehr lernen Kinder mit Schwierigkeiten, die zum Alltag gehören, umzugehen.

Aus diesem Grund sollen die Kinder bei den nachfolgenden Übungen und Spielen angenehme und unangenehme Gefühle, wie Freude, Liebe, Lust, Ekel, Wut, Neid, Ärger, Aufregung, Angst bewusst kennen, unterscheiden und mitteilen lernen. Spielerisch und in ihrer bekannten Umgebung üben die Kinder dann, ihrem Gefühl zu vertrauen und dieses zu äußeren, ohne dabei den Respekt und die Achtung vor dem anderen zu verlieren. Dabei wird den Kindern, die beispielsweise einen ungesteuerten Wutausbruch eines anderen erleben, auch signalisiert, dass sie unangenehme Situationen keineswegs hilflos erdulden müssen.

## Wie hört sich wohl das Gefühl an?

**Alter:**
ab 5 Jahren

Sollen die Kinder lernen, Gesichtsausdrücke richtig zu interpretieren, dann eignet sich das folgende Spiel: Ein Kind überlegt sich ein bestimmtes Gefühl, welches es anschließend in der Kreismitte pantomimisch darstellt. Das Kind deutet auf ein anderes, das das in der Pantomime dargestellte Gefühl nun durch ein Geräusch zum Ausdruck bringt, z. B. Freude durch Lachen. Wurde die pantomimisch vorgestellte Gefühlsäußerung richtig wahrgenommen, kommt ein anderes Kind an die Reihe.

## Das Zusammenspiel von Körperhaltung und Stimme

**Materialien:**
Triangel

**Alter:**
ab 6 Jahren

Wie verändert sich die Körperhaltung, wenn die Wut immer stärker wird? Und wie hört sich dabei die eigene Stimme an? Durch die folgende Übung können die Kinder versuchen, diese Fragen zu beantworten.

Dazu stellt sich ein Kind in die Mitte, welches das Gefühl der Wut pantomimisch und akustisch zugleich darstellt. Erklingt die Triangel,

dann zeigt das Kind wie es sich fühlt, wenn die Wut etwas stärker wird. Ist die Triangel zum zweiten Mal zu hören, dann ist das Kind stinksauer und einfach nicht mehr zu bremsen!

## Was die Buschtrommel verrät

Ein Kind geht im Kreis herum und trommelt. Je nachdem wie sich das Kind gerade fühlt, kann das Trommeln beispielsweise leise oder eher heftig erfolgen. Die anderen Kinder, welche dem Trommelklang lauschen, müssen herausfinden, wie es dem Kind geht. Dabei werden die Kinder merken, dass es gar nicht so einfach ist, diese Aufgabe zu erfüllen. Denn unsere Wahrnehmung, die ja subjektiv ist, muss nicht immer richtig sein. Wurde das Gefühl trotzdem erraten, stellt ein anderes Kind seine momentane Stimmung mit der Trommel vor.

Materialien:
Handtrommel

Alter:
ab 5 Jahren

## Glücksmomente

Zum Rhythmus der Trommel gehen die Kinder so lange im Raum umher, bis das Trommeln plötzlich aufhört. Jetzt sollen sich die Kinder eine Situation ausdenken, welche sie besonders glücklich macht. Hören die Kinder dann einen kräftigen Trommelschlag, dürfen sie zeigen wie glücklich sie sind. Dabei können die Kinder beispielsweise in die Luft springen, vor Freude jauchzen oder sich gegenseitig herzlich umarmen. Setzt ein erneuter Trommelschlag ein, bilden die Kinder einen Kreis, um folgende Fragen miteinander zu diskutieren:
„Gibt es Dinge, die dich besonders erfreuen?"
„Wie zeigst du, dass du glücklich bist?"
„Was kannst du tun, um anderen eine Freude zu bereiten?"

Materialien:
Trommel

Alter:
ab 5 Jahren

## Launisch wie das Wetter?

**Alter:**
ab 5 Jahren

Eines der Kinder verkündet der Gruppe den Wetterbericht für morgen. Je nachdem, ob beispielsweise die Sonne scheinen, es regnen, stürmen oder schneien wird, müssen sich die Kinder überlegen, wie sie sich bei diesen Wetteraussichten fühlen. Ihre dabei entstandene emotionale Stimmung teilen die Kinder nacheinander laut mit. Sollte die Stimmung beispielsweise bei Regen, Blitz und Donner schlecht sein, dann versuchen die Kinder miteinander Lösungswege zu finden, welche zu einer Verbesserung der allgemeinen Gemütsverfassung beitragen.

## Bist du ein „Schmusebär?"

**Alter:**
ab 3 Jahren

Im Stuhlkreis denkt sich jedes Kind ein Tier aus, dass beispielsweise angriffslustig, anhänglich, müde, gereizt oder traurig sein kann. Ein Kind geht in die Stuhlkreismitte, um sein Tier pantomimisch darzustellen. Die anderen Kinder, welche sowohl das Tier erraten als auch dessen Stimmung herausfinden müssen, beobachten die Darstellung höchst aufmerksam. Wurde das Tier und die Gefühlsäußerung erkannt, erzählt das Kind in der Mitte, ob es sich schon einmal so gefühlt hat.

## Einen Gesichtausdruck ertasten

**Alter:**
ab 5 Jahren

Die Nase rümpfen, die Zähne zeigen, die Mundwinkel nach oben ziehen oder hängen lassen, all das sind Gefühlsäußerungen, welche wir durch unseren Gesichtsausdruck zeigen können.
Damit Kinder auch „blind" erkennen, was ihr Partner fühlt, schließt ein Kind die Augen und ein anderes Kind stellt durch Mimik ein

Gefühl dar. Indem das Kind behutsam das Gesicht seines Partners abtastet, muss es erraten, ob das Kind beispielsweise eher wütend, glücklich oder traurig ist. Wurde die Aufgabe erfüllt, werden die Rollen gewechselt.

*Variante:* Ein Kind stellt eine Körperhaltung dar und ein anderes tastet diese mit geschlossenen Augen ab. Dabei soll das Kind herausfinden, ob diese bedrohlich wirkt oder nicht. Fühlt das Kind beispielsweise eine geballte Faust, dann kann es auch erzählen, was man damit alles anrichten kann.

## Leise und laute Töne

Welche Musiklautstärke wird als angenehm und welche eher als belastend empfunden? Wie reagieren wir, wenn uns laute Musik stört? Werden wir unruhig, nervös, gereizt oder vielleicht sogar aggressiv? Und was können wir tun, damit es uns wieder besser geht? All diese Fragen lassen sich relativ leicht nach der folgenden Übung beantworten:

Während die Kinder stillschweigend auf ihren Stühlen sitzen, erklingt eine leise Musik, die allmählich immer lauter gedreht wird. Ist die Lautstärke den Kindern unangenehm, dann heben sie die Hand. Daraufhin wird die Musik wieder leiser gedreht. Sobald die Kinder sich wieder wohl fühlen, senken sie ihre Hand. Sind keine Hände mehr in der Luft zu sehen, findet ein Erfahrungsaustausch statt.

Materialien:
Kassettenrekorder,
Instrumentalmusik

Alter:
ab 5 Jahren

27

# So fühle ich mich heute!

**Materialien:**
Kärtchen mit jeweils einem Gesichtsausdruck

**Alter:**
ab 3 Jahren

Die Kärtchen werden verdeckt auf einen Tisch gelegt. Indem das älteste Kind beginnt und ein beliebiges Kärtchen umdreht, müssen sich alle Kinder überlegen, wie sie sich heute fühlen. Sehen die Kinder beispielsweise einen fröhlichen Gesichtsausdruck, dann dürfen alle Kinder, welche ebenfalls gut gelaunt sind, die Hand heben. Bevor jedoch ein anderes Kind an die Reihe kommt und ein neues Kärtchen aufdeckt, teilen die betreffenden Kinder laut der Gruppe mit, weshalb es ihnen heute so und nicht anderes geht. Dabei werden die Kinder sicherlich erstaunt sein, dass es unter ihnen auch Kinder gibt, denen es ähnlich geht oder die zumindest dieses Gefühl kennen.

# Meine Wohlfühlkiste

**Materialien:**
Schuhschachtel, Reste unterschiedlicher Materialien

**Alter:**
ab 5 Jahren

Materialien, wie Filz, Seide, Leder, Knete, Watte, Gummi, Bast, Fell und Frottee fühlen sich höchst unterschiedlich an. Je nachdem, wie der Einzelne das jeweilige Material empfindet und bewertet, kann dieses entweder die Haut verwöhnen oder eher ein Ekelgefühl auslösen. Um dies den Kindern bewusst zu machen, dürfen sie alle Materialien abtasten und dabei ihre sechs Favoriten auswählen, welche sie dann in ihrer Schuhschachtel ausstellen. Anschließend vergleichen die Kinder den Inhalt ihrer Schachteln miteinander und begründen ihre Auswahl.

## Leicht bekömmlich oder schwer verdaulich?

Die Kinder erhalten die Aufgabe nacheinander jeweils eine Situation zu schildern, von der sie ihren Eltern besonders gern berichtet haben, weil sie dabei ein gutes Gefühl im Bauch hatten. Indem das wortführende Kind einen süßen, wohlschmeckenden Apfel in den Händen hält, wird dieses gute Gefühl im Bauch symbolisiert.
Sind alle Kinder mit dem Erzählen fertig, beginnt eine zweite Runde, bei welcher die Kinder nacheinander jeweils eine Situation erläutern, die ihnen besonders schwer im Magen lag oder vielleicht immer noch liegt. Um das schlechte Gefühl zu veranschaulichen, darf immer derjenige, welcher gerade erzählt, einen schweren, ungenießbaren Stein in den Händen halten. Anschließend darf sich die Gruppe überlegen, was das betreffende Kind vielleicht besser machen könnte, bzw. in Zukunft vermeiden sollte.

**Materialien:**
Apfel und Stein

**Alter:**
ab 5 Jahren

## Siehst du fröhlich oder traurig aus?

Erleben wie ein anderer das eigne Gesicht sanft mit einem Schminkstift berührt, ist für Kinder immer ein tolles Gefühl und mit viel Gelächter verbunden. Neuartig und interessant kann das Schminken auch sein, wenn der Betreffende erraten muss, welche Stimmung ihm der andere ins Gesicht zaubert. Denn je nachdem, ob beispielsweise Tränen oder ein hochgezogener Mundwinkel aufgemalt wird, kann dann das betreffende Kind fröhlich oder traurig aussehen. Wurde die aufgemalte Stimmung erkannt, darf sich das Kind zur Kontrolle im Spiegel betrachten. Danach werden die Rollen getauscht.

**Materialien:**
Schminkstifte

**Alter:**
ab 5 Jahren

## Was sagt dir dein Gefühl?

**Materialien:**
Bauklötze

**Alter:**
ab 4 Jahren

Stein um Stein einen Turm bauen ist spannend und aufregend zugleich. Doch wann ist es besser aufzuhören, damit der Turm nicht einstürzt? Was sagt unser Gefühl? Dies können die Kinder ausprobieren, indem sie immer vor dem Auftürmen eines weiteren Steins, einen Tipp abgeben. Recht behalten werden dann die Kinder, welche die Situation richtig einschätzen und somit rechtzeitig mit dem Bauen aufhören konnten.

## Was empfindest du dabei?

**Materialien:**
Kassettenrekorder,
Unterhaltungsmusik

**Alter:**
ab 5 Jahren

Zur aktuellen Unterhaltungsmusik tanzen die Kinder solange im Raum herum, bis diese plötzlich stoppt. Sofort erhalten die Kinder eine Anweisung, wie beispielsweise sich gegenseitig umarmen, eine Grimasse schneiden, eine Faust zeigen, auf die Schultern klopfen oder über den Kopf streicheln. Dabei sollen die Kinder herausfinden, wie die einzelnen Verhaltensweisen ihrer Meinung nach zu bewerten sind. Um eine möglichst präzise Antwort zu erhalten, sollen die Kinder laut sagen, was sie empfinden, wenn sie sich beispielsweise gegenseitig die Zunge herausstrecken. Vielleicht können die Kinder hierbei auch Situationen schildern, bei denen eine derartige Verhaltensweise vorgekommen ist.

## Schimpfwörter und ihre Wirkung

**Alter:**
ab 5 Jahren

Reihum dürfen die Kinder sagen, welche Schimpfwörter sie persönlich wütend, traurig oder ärgerlich machen. Weil jedoch Schimpfwörter sehr unterschiedlich empfunden und bewertet werden können, sollen sich die Kinder bei jedem genannten Wort überlegen, ob

dieses sie ebenfalls trifft. Auf diese Weise wird den Kindern rasch klar, dass unabhängig von den eigenen Empfindungen auch ein noch so unbedacht geäußertes Schimpfwort stets verletzend sein kann.

## Etwas Gutes tun

Wie soll man mit jemandem umgehen, der beispielsweise traurig, beleidigt, enttäuscht, einsam oder zornig ist? Sicherlich keine leicht zu beantwortende Frage. Dennoch können die Kinder hierzu gemeinsam Antworten finden, indem eines der Kinder in der Stuhlkreismitte eine negative Stimmung vorspielt, welche die anderen zunächst kommentarlos beobachten. Sobald sich das Kind wieder auf seinen Platz setzt, werden verschiedene Wege gesucht, um das Kind so schnell wie möglich aufzuheitern. Am Ende muss das darstellende Kind entscheiden, was ihm in dieser Situation besonders gut getan hat.

**Alter:**
ab 6 Jahren

## Was braucht man, um glücklich zu sein?

Stillschweigend sitzen die Kinder um eine ausgelegte Papierbahn herum und überlegen sich, welche Dinge zum Glücklichsein benötigt werden.
Nach einer kurzen Weile erklingt eine ruhige Musik, zu welcher die Kinder sämtliche Dinge, evtl. auch symbolisch auf das Papier aufmalen. Ist die Musik beendet, gehen die Kinder einmal um das Papier herum und lassen dabei die einzelnen Bilder auf sich wirken. Anschließend überlegen sie gemeinsam, was von dem Gemalten am wichtigsten ist für ein glückliches Leben.

**Materialien:**
Kassettenrekorder, ruhige Instrumentalmusik, Papierrolle, Wachsmalstifte

**Alter:**
ab 5 Jahren

31

# Ich werde wütend, wenn ...

**Materialien:**
Ball

**Alter:**
ab 5 Jahren

Die Kinder bilden einen Kreis und setzen sich auf den Boden. Um sich gegenseitig den Ball gut zurollen zu können, werden die Beine hüftbreit auseinander auf den Boden gelegt, sodass sich die Fußspitzen der Nachbarskinder gegenseitig berühren. Indem das Kind mit dem Ball eine Situation, in der es so richtig wütend war, kurz schildert, beginnt das Spiel. Anschließend wird der Ball einem weiteren Kind zugerollt, welches auf die gleiche Art das Spiel wiederholt. Waren alle Kinder an der Reihe, dann können die folgenden Fragen miteinander geklärt werden:

„Was machst du, wenn du wütend bist?"

„Welche Verhaltensweisen sind gut und welche nicht?"

„Gibt es Personen, denen du von deiner Wut erzählen kannst?"

**Variante:** Wie oben beschrieben, kann das Spiel auch mit guten Gefühlszuständen, wie fröhlich und lustig sein, durchgeführt werden.

# Das Empfindungs-Memory

**Materialien:**
12 Fotografien, die unterschiedliche Situationen zeigen

**Alter:**
ab 4 Jahren

Gegensätzliche emotionale Stimmungen lassen sich auch durch das Fotografieren einzelner Körperteile festhalten, indem immer ein Kind jeweils eine der folgenden Situationen darstellt:
– Fuß gegen einen Stuhl schlagen – Füße zum Tanzen benutzen
– Faust ballen – Handfläche zeigen
– Mundwinkel herunterziehen – lachen
– Mit dem Ellenbogen gegen eine Puppe boxen – eine Puppe in den Armen halten
– an den eigenen Haare ziehen – über den eigenen Kopf streicheln
– Zunge rausstrecken – ein Stück Schokolade auf der Zunge zergehen lassen etc.

32

Sind die Fotografien fertiggestellt, dann werden die Bilder auf einem Tisch ausgebreitet, sodass niemand die Motive sehen kann. Anschließend beginnt eines der Kinder zwei Fotografien aufzudecken und die Motive miteinander zu vergleichen. Sind zwei unterschiedliche Körperteile zu sehen, werden die Fotografien wieder umgedreht. Ist das nicht der Fall, dann darf das Kind seine Empfindungen, welche beim Betrachten der gegensätzlichen Situationen entstehen, beschreiben. Danach werden die beiden Fotografien aus dem Spiel herausgenommen. Erst wenn alle Fotografien umgedreht und zu den einzelnen Situationen Stellung bezogen wurde, ist das Spiel beendet.

## So sauer wie eine Zitrone?

Im Stuhlkreis wird eine Zitrone von einer Hand zu anderen gereicht. Hat sich ein Kind über irgend jemand oder irgendetwas geärgert, dann hält es die sauer schmeckende Zitrone solange in der Hand, bis es diese Situation schildern konnte. Danach übergibt das Kind die Zitrone seinem rechten Nachbarn, sodass das Spiel fortgeführt wird. Sind alle Kinder an der Reihe gewesen, werden miteinander Möglichkeiten besprochen, wie man mit dem einen oder anderen Ärger am besten umgehen kann.

*Materialien:*
Zitrone

*Alter:*
ab 5 Jahren

*Variante:* Ein Holzstück wird im Stuhlkreis weitergereicht. Immer wenn sich ein Kind so stark wie ein Baum fühlt, dann hält es das Holzstück solange in der Hand, bis es von diesem Gefühl berichten konnte.

# 2. Lass deine Wut am Boxsack raus!

## Spielerisch Dampf ablassen und Kräfte messen

Kinder, die sich streiten und gegenseitig schlagen, sind meist ziemlich aufgeregt und erhitzt. Aufgrund dieses Gefühlszustands sind die Kinder häufig nicht in der Lage sich gegenseitig zuzuhören, geschweige denn sich aufeinander einzulassen.

Schuldzuweisungen seitens der Erwachsenen, bei denen sich in der Regel immer eines der betroffenen Kinder unverstanden fühlt, können deshalb nicht die Lösung sein. Wesentlich besser ist es, dass sich die Kinder durch entsprechende Angebote, wie in diesem Kapitel beschrieben, ersatzweise abreagieren können. Solche Angebote bringen einerseits Spaß und sorgen andererseits dafür, dass sich die Gemüter relativ schnell wieder beruhigen. Denn sobald die Kinder

erst einmal so richtig Dampf abgelassen haben, sind sie viel eher wieder bereit, sich auf ein klärendes Gespräch einzulassen, bei dem wir dann den Kindern ein gewisses Verständnis für ihre momentanen Gefühle entgegenbringen müssen. Damit das einzelne Kind unser Mitgefühl spürt, aber auch unsere Sichtweise über das unangemessene Verhalten begreift, können solche oder ähnlich formulierte Sätze, welche die Wut des Kindes verringen, hilfreich sein: „Marcel, ich sehe, dass du auf Dennis, der dir gerade einen Bauklotz weggenommen hat, sehr wütend bist. Sicherlich wäre ich auch ziemlich sauer, wenn mir jemand etwas wegnimmt. Trotzdem ist Schlagen niemals in Ordnung!"

## Mit dem Kopf durch die Wand?

Eine an der Wand befestigte dicke Weichboden-Turnmatte oder eine im Handel zu erwerbende Anti-Aggressionswand (Wandmatte) kann dazu dienen, dass sich kleine Hitzköpfe nach Lust und Laune jederzeit abreagieren können, indem sie beispielsweise kräftig gegen die Matte boxen und dabei möglichst laut ihren ganzen Ärger herausschreien. Hat sich das Kind wieder etwas beruhigt, dann darf es im „normalen" Ton und ohne Schimpfwörter noch einmal sagen, welche konkreten Ereignisse zu dieser Wut geführt haben.

Materialien:
Weichboden-Turnmatte oder Anti-Aggressionswand

Alter:
ab 3 Jahren

## Tau ziehen und die Wut äußern

Um einen Erwachsenen mit einem Seil möglichst auf die eigene Seite zu ziehen, muss das Kind seine ganze Kraft einsetzen. Mit jedem Versuch dieses Vorhaben in die Praxis umzusetzen, kann das Kind etwas über seine momentane Stimmung preisgeben. Natürlich kann dabei der Erwachsene auch das Kind auf seine Gefühle anspre-

Materialien:
Tau

Alter:
ab 5 Jahren

35

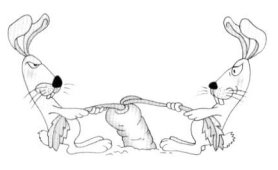

chen. Ist das Kind vom Tauziehen erschöpft, dann tut eine gegenseitige Umarmung oftmals gut!

*Variante:* Bis auf ein Kind stehen alle anderen Kinder, die mit ihren Händen ein Rundtau umfassen, wie angewurzelt im Kreis herum. Möchte eines der Kinder seine Wut abbauen, dann stellt es sich in den Kreis und zieht möglichst heftig an dem Seil. Dabei verfolgt es das Ziel, mit ganzer Kraft die Gruppe in Bewegung zu bringen.

## Zeitungen zerfetzen

**Materialien:**
doppelseitige
Zeitungsblätter

**Alter:**
ab 4 Jahren

Um Dampf abzulassen, stellt sich das in Wut geratene Kind vor ein doppelseitiges Zeitungsblatt, welches zwei weitere Kinder an jeweils einer Seite halten. Bevor das Kind jedoch mit einer Faust ein Loch in die Zeitung boxt, schreit es möglichst laut seinen gesamten Ärger heraus. Ist die Wut besonders groß, dann folgen weitere Zeitungsblätter, welche das Kind ebenfalls mit seiner bloßen Faust in Stücke reißen darf.

## Der Prellwutball

**Materialien:**
Soft- oder
Schaumstoffball
(ca. 18 cm
Durchmesser)

**Alter:**
ab 4 Jahren

Auf dem Flur oder in der Halle kann den Kindern ein so genannter „Prellwutball" zur Verfügung stehen, den sie bei inneren Anspannungen jederzeit benutzen dürfen. Um den Ball so kräftig wie möglich gegen den Fußboden zu prellen, kann das Kind seine beiden Hände einsetzen. Damit aber keine Gegenstände beschädigt werden, ist darauf zu achten, dass der Ball nicht zu stark springt. Aus diesem Grund sind weiche Bälle, die auch ohne Bedenken gegen eine kahle Wand gedonnert werden können, besonders geeignet!

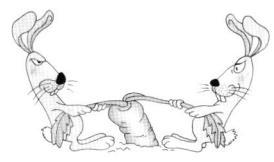

## Alu-Draht verbiegen

Der leicht mit der Hand zu biegende Draht eignet sich hervorragend zum Basteln, aber auch zum Wutablassen für Kinder, die unruhig sind oder ein Ventil für ihre angestauten Aggressionen brauchen. Indem die Kinder den Draht ganz nach Belieben verbiegen, wird die Wut reduziert, sodass sie wieder zur Ruhe kommen. Dadurch, dass der Draht beim Biegen nicht kaputt zu kriegen ist, sind schon bei so manchem Kind höchst fantasievolle Formen zum Aufbewahren entstanden.

**Materialien:**
Alu-Draht

**Alter:**
ab 4 Jahren

## Die Wut bildhaft ausdrücken

Großflächig mit den Fingern malen und dabei den Empfindungen freien Lauf lassen, ist sicherlich eine gute Methode, um angestaute Aggressionen abzubauen. Besonders eignet sich dazu eine kindgerechte Staffelei, welche beidseitig benutzt werden kann und somit ausgesprochen viel Bewegungsfreiheit bietet. Sie kann auch dazu dienen, zwei Streithähne wieder einander anzunähern. Denn obwohl beide Kontrahenten sich aufgrund ihres Standorts vor der Staffelei kaum sehen können, sind sie während ihres Tun auf höchst geheimnisvolle Weise miteinander verbunden.

**Materialien:**
Staffelei, Papier, Fingerfarben

**Alter:**
ab 3 Jahren

## Wer hält die Balance?

Zu zweit auf einem Wackelbrett stehen und sich dabei in die Augen schauen, erfordert ein hohes Maß an Konzentration und Körperbeherrschung. Stehen die Kinder relativ sicher auf dem Wackelbrett, dann bietet sich folgendes Spiel an, bei dem immer zwei Kinder ihre „Standfestigkeit" ausprobieren und miteinander vergleichen können:

**Materialien:**
Wackelbrett oder große Balancierscheibe, Gong

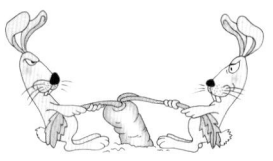

**Alter:**
ab 5 Jahren

Hören die Kinder einen Gong, dann halten sie sich gegenseitig an den Oberarmen fest. Ertönt der Gong erneut, dürfen die Kinder heftig hin und her wippen, ohne den anderen von dem Wackelbrett zu stoßen. Berührt ein Kind dabei mit den Füßen den Boden, dann ist das Spiel zu Ende.

*Variante:* Auf niedrigen Kisten stehen die Kinder sich gegenüber, sodass sie sich gegenseitig mit ihren Handflächen berühren. Erklingt ein Signal dann müssen die Kinder versuchen, sich gegenseitig mit ihren Händen wegzudrücken. Verliert dabei ein Kind das Gleichgewicht, ist das Spiel beendet.

## Auf die Pauke hauen!

**Materialien:**
Pauke, Tischtrommel oder Schlagzeug

**Alter:**
ab 6 Jahren

Trommeln ist für ruhige und temperamentvolle Kinder gleichermaßen geeignet. Indem die Kinder kräftig und rhythmisch trommeln, können sie sowohl auf sich aufmerksam machen als auch sich austoben. Ist die Möglichkeit vorhanden, dass mehrere Kinder, wie beispielsweise bei der Tischtrommel, miteinander musikalisch in Kontakt treten, dann geraten meist kleine Streitereien zwischen den Kindern zu Gunsten des dabei neu entstanden Gruppengefühls relativ schnell wieder in den Hintergrund.

## Jederzeit bereit – der Anti-Aggressions-Zylinder

**Materialien:**
Anti-Aggressions-Zylinder oder Boxsack

Ist kein geeigneter Platz in der Einrichtung vorhanden, um einen Boxsack aufzuhängen, dann eignet sich ein im Handel erhältlicher luftgefüllter Anti-Aggressions-Zylinder aus Vinyl, dessen Standfuß mit Wasser oder Sand gefüllt ist. Mit bloßen Fäusten oder mit den Kinder-Boxhandschuhen können kleine Hitzköpfe dann ihren ganzen Ärger am Zylinder rauslassen und dabei ihren Stress abbauen.

38

Das Trainingsgerät ermöglicht zudem, dass Kinder jederzeit ihren Bewegungsdrang befriedigen und spielerisch erste Erfahrungen mit dem Boxsport machen können.

**Alter:**
ab 4 Jahren

## Nimm doch die Kugel-Klopfbank

Die Kugel-Klopfbank, eine kleine Bank mit vier Löchern aus denen jeweils eine Kugel herausschaut, fördert die Sinne und kann durchaus auch zum Abbau von Aggressionen verwendet werden. Denn ähnlich wie beim Hineinschlagen eines Nagels in ein Stück Holz, können die Kinder all ihren Ärger und Frust herauslassen, indem sie auf die einzelnen Kugeln mit einem Holzhammer kräftig schlagen, sodass diese durch ihre Löcher fallen. Dadurch, dass die Kinder sich nicht verletzen können, ist dieses Spiel besonders für die Jüngsten im Kindergarten geeignet.

**Materialien:**
Kugel-Klopfbank
(ca. 25 × 10 × 10 cm)
zum Kaufen oder
Selbstherstellen

**Alter:**
bereits für
Kleinkinder

## Wer wird denn gleich die Decke hoch gehen?

Wer kennt nicht das Gefühl, wenn man vor lauter Wut am liebsten gleich die Decke hoch gehen würde. Mit festinstallierten Geräten, wie einer Kletterwand oder einem Kletterseil, können die Kinder dies sprichwörtlich tun. Neben dem Reduzieren von Wut, Ärger und Frust, werden durch das Klettern auch jede Menge Fähigkeiten, wie Geschick, Ausdauer, Konzentration und Muskelkraft trainiert. Damit sich möglichst kein Kind verletzt, ist stets darauf zu achten, dass die Zwischenräume zur Wand, die vor allem bei beidseitig bekletterbaren Geräten entstehen, ebenfalls mit entsprechenden Matten ausgelegt sind.

**Materialien:**
Sprossenwand,
Kletterwand oder
Kletterseil
sowie Matten

**Alter:**
ab 4 Jahren

*Variante:* Der Kletterbaum im Garten, auf dem sich vielleicht auch ein Baumhaus zum Zurückziehen und Nachdenken befindet.

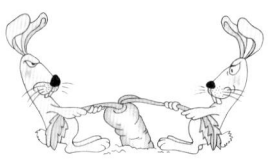

## Einen Tonklumpen bearbeiten

**Materialien:**
Ton oder Knete,
Modellierunterlage
(Größe DIN A3)

**Alter:**
ab 3 Jahren

Ton eignet sich zum Töpfern, aber auch um negative Gefühle ohne Scheu herauszulassen. So kann das Kind, welches sich über irgendjemand oder irgendetwas geärgert hat, den Tonklumpen sowohl mit ganzem Druck bearbeiten als auch voller Kraft gegen die Modellierunterlage schlagen. Ist die erste Wut wieder verraucht, kann man meist beobachten, wie die Kinder für sich selbst den knautschig weichen Ton entdecken und zu modellieren beginnen.

## Auf Büchsen werfen

**Materialien:**
leere Dosen,
Tennisbälle,
Tisch

**Alter:**
ab 4 Jahren

Das uralte Spiel „Büchsen werfen" ist eine gute Möglichkeit, um Aggressionen abzubauen. Ein Kind stellt sich mit seinem Tennisball ca. zwei Meter vor den Tisch, auf dem sich die pyramidenförmig angeordneten Dosen befinden auf. Immer wenn das Kind nun auf die Dosen schießt, kann es seine negativen Gefühle, wie Zorn, Wut und Ärger reduzieren, sodass es während des darauf folgenden klärenden Gesprächs weitaus weniger emotional reagiert.

*Variante:* Leere Plastikflaschen, die wie in einer Sprudelkiste angeordnet auf dem Boden stehen, werden mit einem Tennisball umgeworfen oder weggekickt.

## Wer fällt in den See hinein?

**Materialien:**
Tau, Turnmatte,
Handtrommel

Zwischen den beiden Kontrahenten befindet sich eine blaue Weichboden-Turnmatte, die einen See darstellt. Stehen die Kinder sich stillschweigend gegenüber, dann wird den Kindern jeweils ein Seilende in die Hände gedrückt. Sobald sich das Seil gespannt über dem

„Wasser" befindet, trommelt ein drittes Kind einmal ganz laut, sodass der Startschuss zum Tauziehen fällt. Mit ganzer Kraft ziehen beide Kinder solange am Seil, bis eines der Kinder sich im See, bzw. auf der Weichboden-Turnmatte befindet.

**Alter:**
ab 5 Jahren

## Sag es durch das Megafon!

Laut durch ein selbstgebasteltes Papprollen-Megafon zu sprechen, welches mit bunten Papierschnipseln verziert wurde, ist für Kinder aufregend und spaßig zugleich. Aber auch Kinder, welche sich nicht so gut fühlen, können durch das Hineinsprechen in das Megafon auf ihre Sorgen und Nöte aufmerksam machen. Eine solche Vorgehensweise ist insbesondere für die Kinder geeignet, die sonst eher Schwierigkeiten haben, sich vor der Gruppe zu äußern.

**Materialien:**
leere Küchenrolle,
Papierschnipsel,
Kleister

**Alter:**
ab 3 Jahren

## Stress und Frust weghüpfen

Ein großes luftgefülltes Sicherheitstrampolin ohne harten Rand ist ein relativ ungefährliches Spiel-, Spaß- und Sportgerät, welches u. a. zur Förderung der Bewegungskoordination, Geschicklichkeit, Körperbeherrschung, Reaktion und Konzentration eingesetzt werden kann. Weil die Kinder durch das Hüpfen in Bewegung kommen, eignet sich dieses Gerät auch hervorragend zum Abbau von negativen Gefühlen. Denn mit jedem Sprung, der unterschiedlich hoch sein kann, kann das Kind seinem Ärger und seiner Wut ganz einfach Luft machen!

**Materialien:**
großes Trampolin
(ca. 200 cm Durchmesser, 40 cm hoch)

**Alter:**
ab 4 Jahren

## Ruhig werden durch den Anti-Stress-Ball

**Materialien:**
Anti-Stress-Ball für
Hand- und Finger-
übungen (ca. 7 cm
Durchmesser)

**Alter:**
ab 4 Jahren

Wer gereizt, gestresst und nervös ist, möchte am liebsten davon laufen oder aus allem im wahrsten Sinne des Wortes Kleinholz machen.
Damit das möglichst nicht passiert, kann ein Anti-Stress-Ball, der
aus sehr weichem Gummi besteht und somit beim Zupressen mit der
Hand entsprechend nachgibt, eine wertvolle Hilfe sein, um wieder
innerlich zur Ruhe zu kommen. Weil der preiswerte Anti-Stress-Ball
sich insbesondere auch für unkonzentrierte Kinder eignet, kann dieser zudem während des täglichen Stuhlkreises eingesetzt werden.

## Going – mehr als ein Riesenspaß!

**Materialien:**
Going (eiförmiger
Kunststoffkörper:
Durchmesser 13 cm und
20,5 cm lang)

**Alter:**
ab 5 Jahren

Going – ein beliebtes Spiel für drinnen und draußen, fördert vor
allem die Geschicklichkeit und das Reaktionsvermögen. Außerdem
lässt sich das Spiel gezielt bei Streitigkeiten zwischen zwei Kindern
einsetzen.

So kann immer das Kind,
welches gerade die an den
Griffen befestigte 280 cm
lange doppelte Schnur mit
beiden Händen ausein-
anderzieht und dabei
den eiförmigen aufge-
fädelten Kunststoff-
körper zum gegen-
überstehenden
Kontrahenten
bewegt, ganz
laut brüllen.
Ist das Riesen-

42

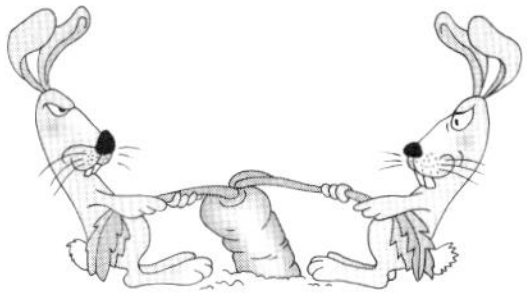

ei angekommen, wiederholt das andere Kind den Vorgang, indem es auf die gleiche Art mal so richtig Dampf ablässt.

## Der Schmetterwutball

Einen Federball kräftig gegen eine Anti-Aggressionswand oder in einen Sandkasten zu schmettern, macht Spaß und verbessert das allgemeine Wohlbefinden. Indem die Kinder ihre ganze Kraft für dieses Spiel brauchen, sind sie erheblich weniger gereizt und aggressiv. Vielmehr können sie nach einem solchen Match in der Regel besser über das, was sie innerlich bedrückt oder ärgert, sprechen.

Materialien:
kindgerechtes Federballspiel

Alter:
ab 6 Jahren

## Ein Spielfass wegdrücken

Ein stoß- und schlagfestes Spielfass, welches im Handel erhältlich ist, wird in die Mitte zwischen zwei 6 Meter voneinander entfernt ausgebreitete Springseile gelegt. Zwei Kinder, die ihre Kräfte messen wollen, stellen sich gegenüber jeweils auf ein Seil.
Ist ein Pfiff zu hören, gehen beide Kinder auf das Spielfass zu, sodass sie sich gegenseitig in die Augen blicken können. Anschließend warten die Kinder ab, bis der eigentliche Startpfiff erfolgt. Daraufhin müssen die Kinder sofort das Spielfass mit ihren Händen in Richtung des gegnerischen Spielfelds drücken. Rollt dabei das Spielfass über eines der Seile, ist das Spiel beendet.

Materialien:
Spielfass (Gewicht ca. 5,7 kg), 2 Springseile, Trillerpfeife

Alter:
ab 5 Jahren

# 3. Wer möchte schon immer aus der Rolle fallen?

## Im Rollenspiel sich selbst und andere erleben

Themen, bei denen die Kinder sich selbst wiederfinden können, eignen sich besonders gut für Rollenspiele. Deshalb sollte man trotz wohlgemeinter pädagogischer Aspekte immer nur solche Themen wählen, welche die Kinder tatsächlich betreffen. Sonst entsteht ein realitätsfremdes Spiel, welches dazu führt, dass die Kinder dieses entweder frühzeitig beenden oder nach ihren Bedürfnissen verändern.

Die nachfolgenden Vorschläge für Rollenspiele, welche sich mit verschiedenen Konfliktsituationen und Handlungsmöglichkeiten beschäftigen, sollten in einem möglichst überschaubaren und beruhigenden Raum durchgeführt werden und immer Bezug nehmen auf ein aktuelles Ereignis. Dadurch, dass fast alle Kinder zwar sehr motiviert jedoch genauso leicht ablenkbar sind, werden für die Rollenspiele kaum Utensilien benötigt. Vielmehr wurde Wert auf einfache,

für Kinder verständliche Spielhandlungen gelegt, bei denen das gute Ende gemeinsam mit den Kindern gefunden werden kann. Aus diesem Grund sind die aufgeführten Möglichkeiten unter den einzelnen Vorschlägen stets als Anregung für den weiteren Verlauf des Rollenspiels zu verstehen. Andere Ideen der Kinder sollten selbstverständlich aufgegriffen und gespielt werden. Indem die Kinder durch ihre Rolle manchmal auch eine andere als die eigene Position vertreten müssen, wird ohne großes Zutun das Einfühlungsvermögen und das Verständnis füreinander gefördert.

## Zoff wegen einer Jacke?

Es ist kurz vor Kindergartenschluss und die Kinder laufen zur Garderobe, um ihre Jacken anzuziehen. Kurz nachdem alle im Flur angekommen sind, beginnen zwei Kinder wegen einer Jacke lauthals miteinander zu streiten. Offensichtlich sind beide der Meinung, dass die Jacke ihnen gehört.

*Wie wird wohl dieser Konflikt ausgehen?*

**1. Möglichkeit:**
Ein weiteres Kind entdeckt plötzlich eine zweite, gleichaussehende Jacke.

**2. Möglichkeit:**
Eines der beiden Kinder erinnert sich daran, dass seine Jacke mit seinem Namen gekennzeichnet ist.

**3. Möglichkeit:**
Drei Kinder aus der Gruppe haben die fehlende Jacke versteckt. Reumütig gestehen sie ihre Tat den beiden Kindern.

**Spielort:**
Garderobe

**Materialien:**
Jacken

**Alter:**
ab 5 Jahren

## Das war doch keine Absicht!

**Spielort:**
Bauecke

**Materialien:**
Holzbausteine

**Alter:**
ab 5 Jahren

Stefan ist stinksauer, weil der große Viktor seinen Holzturm in der Bauecke umgeworfen hat. Zwar war dies keine Absicht, doch ändert das auch nichts an der Tatsache, dass der Turm zerstört und Stefan verärgert ist. Aus diesem Grund bittet Stefan den starken Felix etwas gegen den großen Viktor zu unternehmen.

*Wie wird Felix jetzt reagieren?*

**1. Möglichkeit:**
Felix möchte, dass Stefan selbst seinen Konflikt mit Viktor regelt.

**2. Möglichkeit:**
Felix geht zwar mit zu Viktor, möchte aber, dass Stefan selbst sagt was ihn stört.

**3. Möglichkeit:**
Felix möchte seinen Freund trösten. Deshalb fragt er Stefan, ob er mit ihm einen noch höheren Turm bauen möchte.

## Wer soll auf dem freien Platz sitzen?

**Spielort:**
Stuhlkreis

Nachdem die Kinder draußen waren, dürfen sie sich in den bereits aufgestellten Stuhlkreis setzen. Dabei geraten zwei Kinder, die unbedingt neben einem bestimmten Kind sitzen wollen, miteinander in einen heftigen Streit.

*Wie kann es trotzdem zu einem guten Ende kommen?*

**1. Möglichkeit:**

Das „heißbegehrte" Kind steht auf und sucht sich einen neuen Platz. Dabei teilt es mit, dass es weder neben dem einen noch dem anderen Kind sitzen möchte.

Alter:
ab 4 Jahren

**2. Möglichkeit:**

Das Kind trifft selbst seine Wahl.

**3. Möglichkeit:**

Kopf oder Zahl? Ein Münzstück soll nach Ansicht der Gruppe entscheiden, wer von den beiden Kindern den freien Platz bekommt.

# Neu in der Gruppe und allein, muss das sein?

Tatjana ist neu in der Gruppe und hat deshalb noch keine Freunde. Um dies zu ändern, würde sie gerne mit den anderen Kinder in der Puppenecke spielen. Wenn da nicht die dominante Sylvia wäre, welche niemanden mehr mitspielen lässt. Tatjana, die darüber sehr traurig ist, fängt an zu weinen.

Spielort:
Puppenecke

Alter:
ab 4 Jahren

*Wie könnte Tatjana geholfen werden?*

**1. Möglichkeit:**

Die Kinder trösten Tatjana und bitten sie trotzdem mitzuspielen.

**2. Möglichkeit:**

Die Kinder weisen Sylvia zurecht und sagen Tatjana, dass sie nicht auf Sylvia zu hören braucht.

**3. Möglichkeit:**
Die Kinder möchten, dass Sylvia ihre Meinung ändert. Darüber hinaus soll sich Sylvia bei Tatjana entschuldigen.

## Zwei Kinder und ein Puppenwagen – was nun?

Spielort:
Stuhlkreis

Materialien:
Puppenwagen

Alter:
ab 4 Jahren

Zwei Kinder streiten sich wegen eines Puppenwagens. Deshalb versucht jedes Kind, den Puppenwagen auf seine Seite zu ziehen. Weil jedoch beide Kinder gleich stark sind, beschimpfen sie sich gegenseitig ganz laut, sodass die anderen Kinder aufmerksam werden.

*Wie kann diese Situation gemeistert werden?*

**1. Möglichkeit:**
Ein Kind aus der Gruppe ist der Meinung, dass sie sich beim Spielen mit dem Puppenwagen abwechseln können.

**2. Möglichkeit:**
Ein Kind bietet den beiden Kindern spontan seinen Puppenwagen an.

**3. Möglichkeit:**
Eines der beiden Kinder möchte nicht mehr streiten, sodass es zunächst das andere mit dem Puppenwagen spielen lässt.

## Was ist nur los mit Zlatko?

Spielort:
Kuschelecke

Zlatko hat schlecht geschlafen und ist deshalb heute besonders müde und gereizt. Ganz teilnahmslos sitzt er so lange in der Kuschelecke,

bis er plötzlich einem an ihm vorbeigehenden Kind ein Bein stellt. Daraufhin stürzt das Kind auf den Boden.

Alter:
ab 5 Jahren

*Wie könnte es weiter gehen?*

**1. Möglichkeit:**
Das Kind steht auf und möchte von Zlatko wissen, warum er das getan hat.

**2. Möglichkeit:**
Weil das Kind sich offenkundig weh getan hat, bekommt Zlatko plötzlich einen Schreck. Deshalb springt er auf, um dem Kind zu helfen.

**3. Möglichkeit:**
Das Kind teilt Zlatko mit, dass es sich verletzt hat und deshalb nie wieder so schlecht von ihm behandelt werden möchte.

# Es war einmal ein schönes Auto!

Mustafa hat ein Spielzeugauto von zu Hause mitgebracht. Ali, der den Flitzer schon bemerkt hat, möchte auch gerne damit spielen. Deshalb leiht sich Ali das Auto von Mustafa aus. Voller Stolz lässt Ali das Auto solange durch den Gruppenraum hin- und herrasen, bis dieses plötzlich gegen eine Wand fährt und dabei verkratzt. Einige Spielkameraden, die den Vorfall beobachtet haben, laufen ganz aufgeregt zu Mustafa, um ihm alles zu berichten.

Spielort:
Stuhlkreis

Materialien:
Spielzeugauto

Alter:
ab 5 Jahren

*Wie wird wohl diese Situation ausgehen?*

**1. Möglichkeit:**
Mustafa geht in aller Ruhe zu Ali, um herauszufinden, ob die anderen Recht hatten. Ali erzählt, was passiert ist und bietet Mustafa eins seiner Autos an.

**2. Möglichkeit:**
Ali geht zu Mustafa, um ihm selbst von dem Schaden zu erzählen und ihn nach einer Lösungsmöglichkeit zu fragen.

**3. Möglichkeit:**
Mustafa bittet Ali das Auto zu ersetzten oder gegen ein anderes zu tauschen.

## Eigentlich wollte Luise nur ein Lob!

Spielort:
Maltisch

Jana malt ein schönes Bild, das die anderen Kinder loben. Weil Luise, die ebenfalls malt, für ihr Bild kein Lob erntet, holt sie sich kurz entschlossen einen Stift, um damit dicke Striche auf Janas Bild zu malen.

Materialien:
Malpapier,
Wachsmalstifte

*Was wird nun passieren?*

**1. Möglichkeit:**
Jana verlangt von Luise eine Erklärung für das Verhalten.

Alter:
ab 4 Jahren

**2. Möglichkeit:**
Die Kinder, die um den Tisch herum sitzen, teilen Luise mit, dass ihr Verhalten gegenüber Jana keinesfalls in Ordnung ist. Sie möchten, dass sich Luise bei Jana entschuldigt.

**3. Möglichkeit:**
Jana möchte, dass Luise sich entschuldigt und ihr ein neues Bild malt.

# Auf frischer Tat ertappt!

Daniel möchte seine Tasche holen, in welcher sich ein leckerer Schokoladenpudding befindet. Doch als Daniel den Flur betritt, sieht er, wie Tina seinen Pudding gerade aus seiner Tasche nimmt. Entsetzt bleibt Daniel einen kurzen Augenblick regungslos stehen.

*Was soll Daniel in dieser Situation machen?*

**1. Möglichkeit**
Daniel stellt Tina zur Rede. Dabei versucht Daniel möglichst ruhig zu bleiben.

**2. Möglichkeit**
Daniel geht zu Tinas Tasche, um sich ebenfalls zu bedienen. Danach möchte er von Tina wissen, ob sie sein Verhalten als gut empfindet.

**3. Möglichkeit**
Daniel fragt Tina, ob sie von seinem Pudding probieren möchte. Er sagt ihr, sie soll ihn in Zukunft fragen, wenn sie von seinen Sachen etwas probieren will.

**Spielort:**
Garderobe

**Materialien:**
Kindergartentasche,
Schokoladenpudding

**Alter:**
ab 5 Jahren

# Wozu der Stärkste sein?

Nico und Lars spannen ihre Armmuskeln an, die sie sich stolz gegenseitig zeigen. Weil aber beide Kinder besonders stark sein wollen, kommt es zu einer lautstarken Auseinandersetzung. Natürliche werden dabei die anderen Kinder hellhörig.

*Wie kann diese Situation doch noch gut ausgehen?*

**Spielort:**
Stuhlkreis

**Alter:**
ab 5 Jahren

**1. Möglichkeit**

Ein Kind schlägt einen fairen Ringkampf auf der Weichbodenmatte vor, bei dem die beiden Kinder ihre Kräfte messen können. Dabei bietet sich das Kind als Schiedsrichter an.

**2. Möglichkeit**

Zwei bis drei Kinder, die gerade ein Zelt bauen wollen, brauchen noch zwei starke Helfer. Damit die beiden Kinder zeigen können, wie stark sie sind, sollen sie tatkräftig mithelfen.

**3. Möglichkeit**

Ein Kind gibt den beiden Kindern zu verstehen, dass nicht nur körperliche Kraft wichtig ist. Es gibt den beiden „Starken" ein Rätsel auf, welches die beiden so schnell wie möglich lösen müssen.

## Verflixt noch mal, warum klappt das nicht?

Spielort:
Stuhlkreis

Materialien:
Bastelpapier

Alter:
ab 4 Jahren

Oskar versucht einen Papierflieger zu basteln. Doch bereits nach kurzer Zeit wird Oskar unheimlich wütend, weil der Papierflieger einfach nicht gelingt. Vor lauter Zorn zerknüllt er das Papier und wirft es in die Ecke. Zwei Kinder haben den Vorfall zufällig gesehen.

*Wie kann es zu einem Happyend kommen?*

**1. Möglichkeit**

Die beiden Kinder bieten Oskar ihre Hilfe an.

**2. Möglichkeit**

Die beiden Kinder basteln für Oskar einen Papierflieger.

**3. Möglichkeit**

Die beiden Kinder trösten Oskar und sagen ihm, dass er doch jemanden um Hilfe bitten kann.

## Wer ist der wahre Sieger?

Zwei Kinder, die gerade das Memoryspiel beendet haben, vergleichen ihre beiden Kartenstapel miteinander. Weil beide Stapel beinahe gleich hoch sind, behaupten beide, dass sie gewonnen haben. Weil keines der Kinder nachgeben möchte, beginnen sie sogar, sich gegenseitig lautstark zu beschimpfen. Die anderen Kinder, welche zwangsläufig alles mitbekommen, fühlen sich durch den Streit gestört.

*Wie kann wieder Ruhe einkehren?*

**Spielort:**
Stuhlkreis

**Materialien:**
Memory-Spiel

**Alter:**
ab 5 Jahren

**1. Möglichkeit**

Ein drittes Kind schlägt den Kindern vor, das Spiel einfach noch einmal zu beginnen.

**2. Möglichkeit**

Einem von beiden fällt plötzlich ein, dass man die Kartenpaare der einzelnen Stapel lediglich zählen muss, um den wahren Sieger zu ermitteln.

**3. Möglichkeit**

Ein drittes Kind macht den Vorschlag, dass es für die beiden anderen die Karten zählt.

# 4. Streithähne am Verhandlungstisch

## Konflikte friedlich regeln und an echter Stärke gewinnen

Nachdem die erste Wut der Streithähne etwas verraucht ist, sollte ein klärendes Gespräch folgen, bei dem die einzelnen Parteien all ihren Ärger und ihre Verletzungen äußern dürten. Gleichgültig, ob dafür Streitschlichter eingesetzt werden oder nicht, müssen für den Gesprächsverlauf einige Regeln beachtet werden, beispielsweise: sich gegenseitig zuhören und ausreden lassen. Außerdem müssen die Kinder wissen, dass weder Schimpfwörter noch irgendwelche Beschuldigungen für einen gemeinsamen Lösungsweg dienlich sind.

Sind den Kindern die Regeln bewusst, dann bieten sich die folgenden Möglichkeiten an, bei denen die Kinder ihre Anliegen sowohl

verbal als auch mit Hilfe von verschiedenen Materialen ausdrücken lernen. Solche Alternativen werden gerade von Kindern, die kaum Deutsch verstehen und sprechen können, gerne angenommen. Aber auch Kinder, die aus anderen Gründen Schwierigkeiten haben sich zu äußern, fällt es in der Regel leichter, ihre Probleme und Wünsche auf eine über ein Medium vermittelte Art auszudrücken. Konnten die Kinder ihre Gefühle z. B. in einem Bild darstellen, sollte man es nicht versäumen, zu den einzelnen Werken der betreffenden Kinder verschiedene Fragen zu stellen. Meist ergeben sich dann von selbst tiefgründige Gespräche, bei denen sich die Kinder ihre Sorgen und Nöte von der Seele reden.

## Der heiße Ball

Die beiden Kontrahenten halten einen größeren Abstand zueinander, sodass sie sich gegenseitig den Ball zuwerfen können. Bevor das Spiel beginnt, überlegt sich das Kind, welches gerade den Ball in den Händen hält, warum es beispielsweise vorher so wütend war. Dabei kann es auch sagen, wie es von seinem Gegenüber in Zukunft gerne behandelt werden möchte. Anschließend wiederholt das Kind, welches den Ball gefangen hat, das Spiel, indem es seinen Ärger äußert. Das geht solange hin und her, bis die Kinder sich gegenseitig all ihre Empfindungen und Wünsche mitteilen konnten.

Materialien:
Soft- oder Schaumstoffball

Alter:
ab 5 Jahren

## Das rote Sofa

Auf einem Sofa oder einer Matratze sitzen die Kinder nebeneinander, die sich gegenseitig mitteilen wollen, warum sie sich über den anderen geärgert haben. Damit das möglichst ruhig geschieht, dürfen die Kinder sich abwechselnd vor das Sofa, bzw. die übrigen Kin-

Materialien:
rote Decke, die über ein Sofa oder eine Matratze gelegt wird

55

**Alter:**
ab 5 Jahren

der stellen und sich dabei ihren Ärger von der Seele reden. In dieser Zeit müssen dann die anderen Kinder ganz aufmerksam und leise sein. Das fällt sicherlich dem einen oder anderen Kind gar nicht so leicht. Deshalb sollte man die Kinder immer wieder an die Sprech- und Zuhörregel erinnern. Sind alle an der Reihe gewesen, überlegen sich die Kinder gemeinsam, wie sie ihren Streit am besten wieder aus der Welt schaffen können.

## Den Teufelskreis durchbrechen

**Materialien:**
Kieselsteine

**Alter:**
ab 6 Jahren

Nacheinander teilen die Kinder sich ihre negativen Gefühle mit, die sie während eines Streits erlebt haben. Um die einzelnen Gefühle zu verdeutlichen, benutzen die Kinder ihre Steine, mit denen sie gemeinsam einen großen Kreis legen. Sehen die Kinder den fertigen Kreis, überlegen sie, was sie selbst tun können, damit sich alle Beteiligten wieder besser fühlen. Immer wenn ein Friedensangebot geäußert und angenommen wurde, nehmen die Kinder einen Stein aus dem Kreis heraus, so dass dieser langsam aber sicher aufgelöst wird.

## Aufstehen und aufeinander zugehen!

**Materialien:**
Stühle

**Alter:**
ab 5 Jahren

Zwei in Streit geratene Kinder sitzen einander mit Abstand gegenüber, sodass sie sich gegenseitig noch gut in die Augen blicken und verstehen können.

Sitzen die Kinder ruhig auf ihren Plätzen, teilt eines der beiden Kinder dem anderen mit, weshalb es beispielsweise vorher eine so große Wut empfunden hat. Das andere Kind, das aufmerksam zuhören muss, wartet solange ab, bis der Gegenübersitzende seine Ausführungen beendet hat. Bevor jedoch das Kind ebenfalls seine Argumente darlegt, muss es entscheiden, ob es die Sichtweise des Ande-

ren jetzt etwas besser verstehen kann. Auf diese Weise werden alle Dinge vorgetragen, die zum Streit geführt haben. Wurde alles gesagt, denken die Kinder über einen gemeinsamen Lösungsweg nach. Dabei überlegen sie sich auch, ob sie nun aufstehen, aufeinander zugehen und sich gegenseitig eine Umarmung schenken wollen.

## Auf dem Lammfell

Das weiche Lammfell fühlt sich auf der Haut angenehm an und wird aufgrund seiner beruhigenden Wirkung vor allem Babys gerne in das Bettchen oder in die Wiege gelegt. Ist ein solch wohltuendes Fell in der Einrichtung vorhanden, dann bietet es sich insbesondere auch für die in Streit geratenen Kinder an. Darauf sitzend oder liegend können die Kinder über ihre Gefühle und Wünsche sprechen, sowie gemeinsam versuchen ihre Probleme zu lösen. Darüber hinaus kann dieser kuscheliger Platz auch ein Ort zum Nachdenken und Träumen sein.

Materialien:
Lammfell
(ca. 80-90 cm)

Alter:
ab 3 Jahren

## Verstehen und nachgeben

Zwei Kinder, die miteinander einen Konflikt austragen, spannen einen längeren Faden, der eine Verbindung zwischen ihnen herstellt. Danach teilen sich die Kinder abwechselnd mit, warum sie beispielsweise eine so ungeheure Wut im Bauch verspürt haben. Damit die Kinder sich gegenseitig besser verstehen, machen sie sich auch klar, wie sie gerne behandelt werden möchten. Jedes Mal wenn eines der Kinder glaubt, einen Wunsch erfüllen zu können, wickelt es ein Stück des Fadens auf, indem es einen Schritt auf das gegenüber stehende Kind zugeht. Das wird solange fortgeführt, bis die Kinder all ihre Versprechungen und Zugeständnisse durch einen Handschlag besiegeln können.

Materialien:
Wollfaden
(ca. 6 Meter lang)

Alter:
ab 5 Jahren

# Wunderkerzen leuchten hell

**Materialien:**
Wunderkerzen

**Alter:**
ab 5 Jahren

Um bei einem Streit die eigenen Argumente loswerden zu können, bekommen die Streitenden je eine Wunderkerze, die ihnen genau die Zeit zu argumentieren gibt, die die Kerze braucht um abzubrennen. Den Kindern wird so auf eine beindruckende Weise signalisiert, dass das wortführende Kind, die Dinge, welche in ihm innerlich „brodeln" herauslassen kann. Gleichzeitig merken die Kinder aber auch, dass eine brennende Wunderkerze ein schöner Anblick und in der Regel mit einem positiven Gefühl verbunden ist, das sie gelassener stimmt.

# Die Wut abladen

**Materialien:**
sechs Holzbausteine,
Holzlastwagen

**Alter:**
ab 5 Jahren

Beide Kontrahenten holen sich einen Lastwagen und sechs Bausteine. Indem dann eines der beiden Kinder einen Baustein auf die Ladefläche legt, teilt es in einem Satz mit, warum es seiner Meinung nach zum Streit kam. Dann äußert sich das andere Kind auf die gleiche Art. Erst wenn alle sechs Bausteine auf diese Weise aufgeladen sind, überlegen sich die Kinder was sie tun können, damit sie sich in ihrer Haut wieder wohl fühlen. Jedes Mal, wenn einem Kind ein Lösungsweg einfällt, darf es einen Baustein von der Ladeflä-

che wegnehmen. Liegen alle Bausteine auf dem Tisch, entscheiden sich die Kinder für eine Lösungsmöglichkeit.

## Nieselt es nur oder regnet es bereits?

Wie extrem wird ein Konflikt von beiden Kontrahenten empfunden? Diese Gefühle können die Kinder bildhaft zum Ausdruck bringen, indem sie entweder einen feinen Nieselregen oder einen besonders heftigen Regenschauer auf ihr Papier malen. Anschließend zeigen sich die Kinder gegenseitig ihre fertiggestellten Bilder. Dabei überlegen sie sich verschiedene Wege, damit die Sonne baldmöglichst wieder scheint.

**Materialien:**
Papier und Wachsmalstifte

**Alter:**
ab 5 Jahren

## Mit offenen Karten spielen

Alle Kinder, die miteinander einen Konflikt haben, malen auf jeweils ein Kärtchen einen Gesichtsausdruck, der ihre momentane Stimmung wiederspiegelt. Danach legen die Kinder ihr Kärtchen verdeckt vor sich hin und warten solange ab, bis ein Kind sein Kärtchen umdreht und der Gruppe erzählt, wie es ihm momentan geht. Indem die anderen Kinder sowohl das gemalte Gesicht betrachten als auch dem Kind zuhören, wird ihnen viel besser bewusst, was das Kind gerade fühlt. Sind alle Kärtchen umgedreht, versuchen die Kinder jeweils Lösungswege für die Probleme, die alle Beteiligten befürworten müssen, zu finden. Anschließend dürfen die Kinder den für sie damit verbundenen Gesichtsausdruck auf der Rückseite ihres Kärtchens aufmalen.

**Materialien:**
Kärtchen, Wachsmal- oder Buntstifte

**Alter:**
ab 5 Jahren

## Lass uns die Suppe gemeinsam auslöffeln

**Materialien:**
Papierkügelchen,
Suppenschüssel,
Löffel

**Alter:**
ab 5 Jahren

Auf einem Tisch befinden sich eine Suppenschüssel und kleine Papierkügelchen. Um den Tisch herum sitzen die Kontrahenten, welche sich gegenseitig ihren Frust und Ärger mitteilen. Um die genannten Gefühle symbolisch darzustellen, nehmen sie sich jeweils ein Papierkügelchen, welches sie in die Suppenschüssel werfen. Danach überlegen sich die einzelnen Kinder, wie sie die Suppe am besten wieder auslöffeln können. Glaubt ein Kind zu wissen, wie der Streit am besten beendet werden kann, sagt es das laut und holt dabei mit einem Löffel eine Papierkugel aus der Schüssel heraus. Liegen alle Papierkügelchen wieder auf dem Tisch, muss die Gruppe eine für alle Beteiligten zufriedenstellende Lösungsmöglichkeit auswählen.

## Der Lichtblick im Wutberg

**Materialien:**
Sandberg
und Schaufel

**Alter:**
ab 5 Jahren

Eine große Sandburg kann all den Ärger und Zorn, den die Kontrahenten während ihrer Auseinandersetzung empfunden haben, veranschaulichen. Um sich gegenseitig mal so richtig die Meinung zu sagen, erhalten bis zu vier Kinder, die an einem Konflikt beteiligt sind, jeweils eine kleine Schaufel. Anschließend setzen sich die Kinder an eine beliebige Stelle neben der Sandburg und warten geduldig ab, bis ein Kind anfängt seine Empfindungen zu äußern. Dabei nimmt das Kind für jedes negative Gefühl eine Schaufel Sand aus dem Wutberg heraus. Danach wird die Übung vom nächsten Kind wiederholt, so dass allmählich ein Tunnel, bzw. ein Lichtblick für eine gemeinsame Lösung im Wutberg entsteht.

## Das schlechte Gefühl im Bauch

Befreundete Kinder, die aufgrund eines heftigen Streits plötzlich nichts mehr miteinander reden, fühlen sich meistens ziemlich schlecht. Dabei kann es auch passieren, dass die Kinder über körperliche Symptome, wie Kopf- und Bauchschmerzen klagen. Damit Kinder lernen, dass die Ursache für körperliche Symptome auch seelisch begründet sein kann, eignet sich die folgende Übung:
Indem sich ein Kind auf eine große Papierrolle legt, zeichnet das andere Kind den Körperumriss mit einem Stift nach. Danach wechseln die beiden Kinder ihre Rollen. Sobald die beiden Kinder vor ihrem aufgezeichneten Körperumriss sitzen, sollen sie sich überlegen, wie sie sich momentan fühlen. Geht es den Kindern nicht so gut, dann können sie mit ihrem Stift die Körperstelle ankreuzen, welche ihnen weh tun. Anschließend suchen die Kinder nach verschiedenen Möglichkeiten, die dazu führen, dass es ihnen wieder besser geht.

**Materialien:**
Papierrolle,
Wachsmalstifte

**Alter:**
ab 6 Jahren

## Die Wut künstlerisch darstellen

Kinder, die sich über irgendetwas geärgert haben, können ihrem Gefühl dadurch Ausdruck geben, dass sie beispielsweise ein gefährliches Tier oder einen stacheligen Gegenstand künstlerisch darstellen. Zum Modellieren eignet sich besonders gut Knete oder Ton. Wurden die Werke fertiggestellt, gehen die Kinder im Raum herum und betrachten die einzelnen Formen. Danach dürfen alle Kinder ihren Eindruck schildern. Selbstverständlich sollte hierzu der jeweilige Künstler Stellung nehmen und seine Absichten erläutern. Zum Schluss überlegen sich die Kinder gemeinsam, was vielleicht geschehen müsste, damit die Formen weitaus weichere Züge bekommen.

**Materialien:**
Knete oder Ton

**Alter:**
ab 6 Jahren

## Gefühlsmasken gestalten

**Materialien:**
Pappteller,
Fingerfarben,
Schere

**Alter:**
ab 4 Jahren

Auf einem Pappteller den Gesichtsausdruck aufzumalen, der ein negatives Gefühl, wie Wut, Zorn, Ärger und Enttäuschung wiederspiegelt, sagt manchmal mehr aus als tausend Worte. Indem die Kinder nacheinander ihre Wutmasken vorstellen, wird ihnen sehr gut vor Augen geführt, wie es den einzelnen Kindern gerade geht. Dabei lernen die Kinder nicht nur ihre eigenen Gefühle ausdrücken, sondern auch die Empfindungen ihrer Mitmenschen bewusster wahrnehmen, so dass sie viel schneller aufeinander zugehen und ihre Konflikte untereinander regeln können.

## Lass uns miteinander telefonieren

**Materialien:**
Schlauchtelefon

**Alter:**
ab 5 Jahren

Das Schlauchtelefon, das aus zwei Holzhörern und einem ca. 6 Meter langen Kunststoffschlauch besteht, ist für Kinder eine tolle Möglichkeit, um miteinander zu kommunizieren. Dadurch, dass die Kinder alle Distanz zueinander haben, eignet sich das Telefon auch für alle, die aufgrund eines Streits zwar mit dem anderen sprechen wollen, diesem jedoch kaum in die Augen blicken können. Dennoch entscheiden die Kinder immer selbst, wann sie den Hörer zu Gunsten eines direkten Kontaktes lieber wieder „auflegen" wollen.

**Variante:** Selbstgebasteltes Dosentelefon, welches aus zwei oben offenen Konservendosen besteht. Um die beiden Dosen durch eine ca. 3 Meter lange, nicht zu dünne Schnur miteinander zu verbinden, bedarf es lediglich eines kleinen Lochs, welches auf der Bodenmitte der beiden Dosen gemacht werden muss. Wenn die Enden der Schnur jeweils durch ein Loch gezogen und verknotet wurden, ist das Telefon fertig. Spannen dann die Kinder die Schnur an, kann immer eines

in seine Dose hineinsprechen und das andere zuhören, indem es seine Dose ans Ohr hält.

## Domino-Gefühlsrallye

Eine Domino-Rennstrecke aufbauen, um sie am Ende durch das Anstoßen des ersten Steinchens der Reihe nach zum Fallen zu bringen, ist ein äußerst reizvolles Geschicklichkeits- und Geduldsspiel. Weil eine solche Aktion mit mehreren Kindern viel Spaß macht und sich zudem günstig auf den Teamgeist auswirkt, bietet sich dieses Spiel auch für Kinder an, die ihren Konflikt gemeinsam regeln wollen. Dabei kann beispielsweise immer derjenige, welcher gerade ein Steinchen aufbaut ein negatives Gefühl, das innerhalb der Auseinandersetzung entstanden ist, laut mitteilen. Indem alle Kinder nacheinander das gleiche tun, entsteht allmählich eine beachtliche Domino-Reihe, die die vielfältigen Gefühle der Kinder symbolisiert. Um die negativen Gefühle wieder loszuwerden, suchen die Kinder nach einer gemeinsamen Lösung. Ist eine solche gefunden, steht einer mechanisch ausgelösten Kettenreaktion, bei welcher die einzelnen Dominosteinchen, bzw. negativen Gefühle der Kinder nacheinander zum Purzeln kommen, nichts mehr im Weg!

**Materialien:**
Dominosteine

**Alter:**
ab 5 Jahren

## Sag es mit den Fingerpüppchen

Das Spielen mit Fingerpuppen animiert Kinder zu unterschiedlichen Rollenspielen. Die Püppchen eignen sich auch gut zum Einsatz bei entstandenen Schwierigkeiten innerhalb der Gruppe. Eine solche Vorgehensweise bewirkt, dass auch schüchterne und zurückhaltende Kinder sich das zu sagen getrauen, was sie innerlich bewegt. Denn durch das Puppenspiel fühlen sich die Kinder weniger von

**Materialien:**
Fingerpuppen

**Alter:**
ab 3 Jahren

63

ihren Spielkameraden beobachtet. Darüber hinaus können die Kinder in unterschiedliche Rolle schlüpfen und dabei die Sichtweise des anderen wesentlich leichter nachvollziehen. Das wiederum führt dazu, dass die Kinder viel eher ihre Probleme wieder bereinigen können.

*Variante:* Kasperle-, Stabpuppen- oder Schattentheater

## Schau her, was ich dabei fühle!

Material:
Naturmaterialien

Alter:
ab 6 Jahren

Naturmaterialien mit unterschiedlichen Eigenschaften, wie eine stachelige Kastanienhülle, ein spitzer Stein, ein dicker Stock und ein piekender Tannenzweig, stehen den Kindern zur Auswahl, um all ihre Empfindungen und Gedanken, die innerhalb eines Streites auf gekommen sind, zu symbolisieren. Haben alle Kinder einen Gegenstand ausgesucht, beginnen sie nacheinander zu berichten, wie sich das Material in ihren Händen anfühlt. Wurden die Eigenschaften, die auf das eine oder andere Material gleichermaßen zutreffen können, entdeckt,

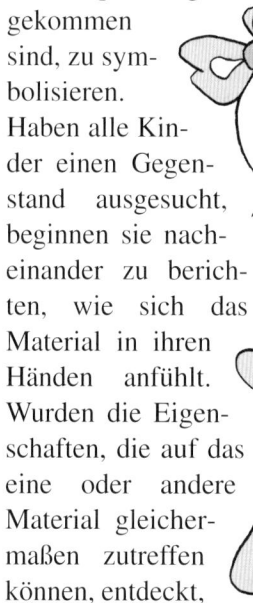

dann sollte man den Kindern auch bewusst machen, dass ein ungeklärter Konflikt für alle Beteiligten in der Regel mit negativen Gefühlen verbunden ist. Damit dieser Gefühlszustand nicht anhält, machen die Kinder sich gegenseitig verschiedene Friedensangebote.

## Kannst du mich ein bisschen verstehen?

Die beiden Kontrahenten stehen Rücken an Rücken. In dieser Position teilen die Kinder sich gegenseitig mit, warum sie glauben, miteinander ein Problem zu haben. Dabei sagen die Kinder auch, weshalb sie beispielsweise vorher so wütend aufeinander waren. Sollte den Kindern ihr Verhalten Leid tun und sie sich entschuldigen wollen, dann teilen sie dies ebenfalls mit. Konnten die Kinder sich gegenseitig geduldig zuhören, dann müssen sie sich überlegen, ob sie die jeweiligen Verhaltens- und Handlungsweisen und die damit verbundenen Gefühle ihres Kontrahenten jetzt etwas besser verstehen können. Danach warten die Kinder so lange ab, bis der Spielleiter ein Zeichen gibt. In diesem Augenblick entscheiden beide Kinder, ob sie auseinander gehen oder sich lieber umdrehen und sich gegenseitig umarmen wollen.

Alter:
ab 5 Jahren

# 5. Raus aus der Isolation und aufeinander zugehen

## Die Gruppe wieder neu entdecken

Wenn Kinder in der Gruppe ständig unangenehm auffallen, haben sie meist wenig Freunde, die mit ihnen spielen wollen. So geraten die betreffenden Kinder relativ schnell in eine so genannte Außenseiterposition, in der sie ihr erworbenes negatives Verhalten kaum wieder ablegen können. Denn eine permanente Ablehnung bis hin zur Ausgrenzung, welche die betreffenden Kinder unweigerlich spüren, führt in der Regel nur dazu, dass das Aggressionspotenzial verstärkt wird. Aus diesem Grund sind wir im besonderen Maße gefordert, dem aggressiven Kind die Liebe und Anerkennung zu geben, die es braucht. Damit das mangelnde Selbstwertgefühl des Kindes wieder

aufgerichtet wird, müssen wir vor allem positive Verhaltensweisen verstärken und Strafen möglichst vermeiden.

Um dieses Vorhaben zu bewerkstelligen, können u. a. kooperative Spiele und Übungen hilfreich sein, bei denen die betreffenden Kinder ihre Fähigkeiten entdecken und sich selbst als Teil der Gruppe erleben. Spielerisch und ohne Druck erleben die Kinder, dass man ihnen etwas zutraut und sie somit als Person innerhalb der Gruppe wertschätzt. Dieses gute Gefühl, welches nicht zuletzt durch positive Äußerungen seitens des Spielleiters verstärkt werden sollte, bewirkt, dass die „halbstarken" Kinder immer mehr an Sicherheit gewinnen und sich ihrer Gruppe zugehörig fühlen. Auch sollte man hierbei nicht vergessen, dass sich solche Erfolgserlebnisse besonders gut auf das Spiel- und Sozialverhalten aller Kinder auswirken.

## Die Begegnung der Fingerpuppen

Jedes Kind erhält eine Fingerpuppe, mit der es so lange durch den Raum geht, bis das Glöckchen erklingt. Sofort bilden die Kinder Paare und hören auf die Anweisung des Spielleiters, z. B.:
– sich gegenseitig mit den Fingerpuppen begrüßen,
– sich mit Hilfe der Fingerpuppe namentlich vorstellen,
– mit den Armen einhaken, sodass sich die beiden Fingerpuppen berühren können,
– die beiden Fingerpuppen sich umarmen lassen etc.
Jedes Mal, wenn eine Anweisung befolgt wurde, verabschieden sich die Kinder wieder voneinander, um eine neue Spielrunde zu beginnen. Ist das Glöckchen wieder zu hören, werden neue Paare gebildet.

*Variante:* Der Spielleiter benennt die Anzahl der Kinder, die sich mit ihren Fingerpuppen zusammenfinden müssen. Anschließend folgt eine Anweisung.

**Materialien:**
Fingerpüppchen, Glöckchen

**Alter:**
ab 4 Jahren

## Trampolin-Hüpftanz

**Material:**
Trampolin,
Unterhaltungsmusik,
Kassettenrekorder,
Egg- oder
Fruit-Shakers

**Alter:**
ab 4 Jahren

Bis auf das Kind, welches auf dem Trampolin steht, erhalten alle Kinder jeweils einen Shaker. Um das Trampolin herum bilden die Kinder einen offenen Kreis. Sie bleiben solange ruhig auf ihrem Platz stehen, bis Musik erklingt, die sie mit ihren Musikinstrumenten rhythmisch begleiten. Auch das Kind in der Mitte unterstützt das musikalische Zusammenspiel, indem es zum Rhythmus auf dem Trampolin hüpft. Das geht solange bis die Musik plötzlich stoppt. Jetzt bleiben alle Kinder ganz ruhig stehen und blicken auf das Kind, das auf ein anderes zugeht, um mit diesem seinen Platz zu tauschen. Kurz darauf ist die Musik wieder zu hören, sodass der Trampolin-Hüpftanz fortgesetzt wird.

*Variante:* Zwei bis drei Trampoline befinden sich in der Kreismitte, auf denen jeweils ein Kind zum Rhythmus der Musik hüpft.

## Wer gibt mir einen Platz?

**Alter:**
ab 3 Jahren

Alle Kinder, bis auf eines, sitzen im Stuhlkreis und beobachten wie das Kind, welches keinen Stuhl hat, im Kreis herum geht und dabei Folgendes sagt:
„Seit Stunden gehe ich im Kreis herum
und schaue mich nach einem freien Platz um.
Ich möchte nicht mehr weitergehn
und bleibe deshalb vor dir jetzt stehn!"
Indem es auf das direkt vor ihm sitzende Kind deutet, muss dieses seinen Platz freigeben. Sitzt das Kind auf dem Platz, müssen auch die anderen Kinder ruckartig aufstehen, um sich einen neuen Platz zu suchen. Jetzt hat auch das, was seinen Platz abtreten musste, eine

68

Chance, wieder einen Stuhl zu erobern. Wer keinen Stuhl erwischt hat, darf als nächster im Kreis herumgehen und einen Platz auswählen.

## Wir spielen Packesel

Ähnlich wie das bekannte Geschicklichkeitsspiel „Packesel", legen die Kinder nacheinander ein Kärtchen auf den Rücken eines Kindes. Damit das gelingt, muss das Kind, welches in der Kreismitte auf allen Vieren kniet, äußerst stillhalten können. Sollte dabei ein Kärtchen vorzeitig herunterfallen, beginnt das Spiel mit einem neuen „Eselchen" von vorne.

*Variante:* Etwas schwieriger ist die Aufgabe zu meistern, wenn die Kinder kleine Pappschachteln auf den Rücken eines Kindes packen.

Materialien:
zwölf kleine
Kärtchen, z. B.
von einem
Memory-Spiel

Alter:
ab 4 Jahren

## Der Mini-Playbackauftritt

In Bewegung kommen, eine Rolle spielen, Spaß haben und dabei im Mittelpunkt stehen, all das und noch viel mehr ist während eines Mini-Playbackauftritts möglich.
Dabei bedarf es nicht einmal großartiger Vorbereitungen. So kann eine mit Alupapier überzogene leere Küchenrolle, auf deren eine Öffnung beispielsweise eine aus Pappmaché geformte Kugel aufgeklebt ist, ein Mikrofon darstellen, das der „Interpret" in den Händen hält. Sind alle Kinder ganz leise, erklingt die Musik. Daraufhin muss das Kind in der Kreismitte reagieren und den zu hörenden Interpreten nachahmen. Die anderen Kinder, die den Sänger in der Kreismitte bewundern, klatschen rhythmisch in die Hände. Beginnt ein neues Lied, muss der Sänger auf ein weiteres Kind zugehen und sein Mikrofon übergeben.

Materialien:
Mikrofon, Kassetten-
rekorder, aktuelle
Unterhaltungsmusik
(z. B. ein Schlager-
Hitmix)

Alter:
ab 5 Jahren

## Was meine Fingerpuppe so alles kann

**Materialien:**
Fingerpuppen

**Alter:**
ab 4 Jahren

Alle Kinder sitzen mit ihren Fingerpuppen im Stuhlkreis und wählen ein Kind aus, das mit seinem Püppchen im Kreis herum gehen darf. Indem das Kind beim Gehen den nachfolgenden Spruch aufsagt, deutet es bei jeder Zahl auf eine Fingerpuppe.
„1, 2, 3, 4, 5, 6
Fingerpuppen sind jetzt dran,
machen das nach,
was meine Fingerpuppe so alles kann!"
Jetzt müssen die sechs Kinder mit ihrer Fingerpuppe alles nachahmen, was ihnen das Kind mit seiner Fingerpuppe vormacht. Anschließend kommt das zuletzt aufgeforderte Kind an die Reihe, das dann z. B. acht Fingerpuppen zum Mitmachen auffordert.

## Führen und Folgen

**Materialien:**
Papierrolle,
Wachsmalstifte,
Kassettenrekorder,
Unterhaltungsmusik

**Alter:**
ab 4 Jahren

Alle Kinder sitzen um eine ausgelegte Papierrolle herum, auf der Wachsmalstifte bereit liegen. Erklingt die Musik, nimmt jedes Kind einen Stift zur Hand und folgt der Anweisung des Spielleiters, der ebenfalls vor dem Papier sitzt und passend zur Musik z. B. große Kreise oder Zickzacklinien malt. Das geht solange, bis der Spielleiter den Stift zur Seite legt und zum Rhythmus der Musik in die Hände klatscht oder mit den Füßen auf den Boden stampft. Die Kinder, die sämtliche Bewegungsabläufe nachahmen, warten geduldig ab, bis der Spielleiter den Namen eines Kindes nennt, welches daraufhin die Führung der Gruppe übernimmt.

# Hüpfen, hüpfen, das tut gut!

Zum altbekannten Seilspringen sagen die Kinder folgenden Spruch
auf:
„Hüpfen, hüpfen, das tut gut!
Hüpfen, hüpfen gegen die Wut.
Hüpfen, hüpfen, das macht Spaß!
Deshalb geben wir jetzt Gas!"
Sobald der letzte Satz ausgesprochen wurde, wird das Seil immer
schneller geschlagen, sodass das Kind entsprechend schneller hüpfen
muss. Gerät es dabei aus dem Takt, bestimmt es einen Nachfolger.

**Materialien:**
Schwung- und
Springseil
(ca. 5 Meter lang)

**Alter:**
ab 5 Jahren

# Unterwegs mit dem Balancierstab

Zur einer getragenen Musik gehen die
Kinder mit ihren Löffeln, auf denen
sich entweder ein Moosgummiball
oder eine Holzkugel befindet,
ganz langsam im Raum herum.
Stoppt die Musik, gehen immer
zwei Kinder aufeinander zu und
versuchen ihre Löffel miteinander
zu tauschen, ohne dabei den Ball
oder die Kugel zu verlieren. Danach bleiben die Kinder solange
stehen, bis die Musik wieder erklingt.

*Variante:* Stehen zwei Kinder voreinander, dann begrüßen sie sich gegenseitig
mit ihrer linken freien Hand.

**Materialien:**
Kassettenrekorder,
getragene Musik,
Löffel, kleine
Moosgummibälle oder
Holzkugeln

**Alter:**
ab 5 Jahren

71

# Bleibe auf dem Steg!

**Materialien:**
ein zusätzlicher Stuhl,
zum Balancieren
geeignetes Material

**Alter:**
ab 4 Jahren

Innerhalb eines großzügig gestellten Stuhlkreises legen die Kinder zum Balancieren geeignete Elemente auf den Boden. Sitzen alle Kinder auf ihren Plätzen, wird eines bestimmt, welches ohne dabei „nasse" Füße zu bekommen, den kürzesten Weg zu einem extra für das Spiel freigelassenen Stuhl finden muss. Damit das Kind nicht in das imaginäre Wasser fällt, muss es äußerst behutsam so lange über die einzelnen Elemente steigen, bis es schließlich vor dem Stuhl steht. Sollte dies nicht gelingen, muss das Kind auf seinen Platz zurückkehren. Danach wird ein anderes Kind aufgerufen, welches den Steg testen und zum Stuhl balancieren darf.

# Fingerpuppen-Kreisspiel

**Material:**
Fingerpuppen

**Alter:**
ab 4 Jahren

Bis auf eines sitzen alle Kinder mit ihren Fingerpuppen im Stuhlkreis. Das Kind bleibt mit seiner Fingerpuppe solange in der Kreismitte stehen, bis die Gruppe folgenden Spruch aufsagt:
„Ein kleines Fingerpüppchen geht im Kreis herum,
ein kleines Fingerpüppchen bleibt stehen und dreht sich um!"
Jetzt wendet sich das Kind in der Mitte dem unmittelbar vor ihm sitzenden Kind zu. Danach wird der Spruch folgendermaßen weitergeführt:
„Ein kleines Fingerpüppchen reicht dir seine Hand,
nun gehen zwei kleine Fingerpüppchen vergnügt durch das ganze Land!"
Während nun zwei Kinder nebeneinander im Kreis herum gehen, wird der Spruch entsprechend für zwei Fingerpuppen wiederholt. Auf diese Art gelangen immer mehr Kinder mit ihren Fingerpuppen in die Kreismitte.

# Lkw beladen

Große Fahrzeuge, wie ein Lkw-Kipper aus robustem Kunststoffmaterial, werden gerne von Kindern benutzt und sind meist ein begehrtes Spielobjekt. Damit alle Kinder das Fahrzeug benutzen können, bietet sich die hier aufgeführte Spielmöglichkeit an:
Nachdem sich alle Kinder einen kleinen Kieselstein geholt haben, bilden die Kinder einen Kreis und setzten sich auf den Boden. Sind alle Kinder ganz leise, dann erhält eines der Kinder den Lkw, auf dessen kippbare Ladefläche das Kind seinen Kieselstein legt. Danach nennt das Kind den Namen eines weiteren Kindes, zu dem es den Lkw-Kipper schubst. Weil der Kieselstein nicht herausfallen darf, muss das Kind äußerst behutsam sein. Anschließend wiederholt das Kind, das nun das begehrte Objekt vor sich hat, das Spiel. Sollte hierbei der eine oder andere Kieselstein aus der Ladefläche fallen, beginnt das ganze von vorn. Denn erst wenn alle Kieselsteine sich auf der Ladefläche befinden, ist das Spiel beendet.

**Materialien:**
großer Lkw-Kipper,
kleine Kieselsteine

**Alter:**
ab 3 Jahren

# Das Glückspeter-Spiel

Wer kennt es nicht, das uralte Kartenspiel „Schwarzer Peter", bei dem alle immer hoffen, möglichst nicht die besagte Karte zu erhalten. Wenn man allerdings die Spielregeln etwas verändert, kann aus dem ungeliebten Schwarzen Peter durchaus eine begehrte „Glückspeter"-Karte werden.
Im Gegensatz zu den ursprünglichen Spielregeln werden alle Karten verdeckt auf einem Tisch ausgebreitet. Nacheinander decken die Kinder die einzelnen Karten solange auf, bis der „Glückspeter" zu sehen ist. Daraufhin darf das Kind, das die gesuchte Karte umgedreht hat, sich beispielsweise ein Kinderlied wünschen, dessen erste

**Materialien:**
Kartenspiel
„Schwarzer Peter"

**Alter:**
ab 3 Jahren

Strophe die Gruppe vorsingen muss. Danach werden alle Karten wieder umgedreht, sodass eine neue Spielrunde beginnt.

## Wer steckt in der Schatzkiste?

**Materialien:**
Tisch,
großes Leintuch
oder große Decke

**Alter:**
ab 4 Jahren

Während ein Kind die Augen schließt, wählt der Spielleiter per Zeichensprache ein anderes aus, welches sich möglichst leise unter den im Stuhlkreis stehenden Tisch legen darf. Damit das Kind nicht gleich gesehen wird, breitet der Spielleiter ein großes Leintuch über dem Tisch aus. Anschließend darf das Kind seine Augen öffnen und zu der „Schatzkiste" gehen. Um herauszufinden, welches Kind sich in der „Schatzkiste" befindet, muss das Kind behutsam unter den Tisch greifen und tasten. Glaubt das Kind zu wissen, wie der zu Erratende heißt, nennt es laut dessen Namen. Wird die Aussage von dem gesuchten Kind bestätigt, dürfen zwei andere das Spiel wiederholen.

*Variante:* Aufgrund der hervorschauenden Schuhe oder Hände muss ein Spieler erraten, welches Kind aus der Gruppe unter dem Tisch, bzw. in der Schatzkiste liegt.

## Balancierstab-Tanz

**Materialien:**
Getragene Musik,
Balancierstäbe,
kleine Bälle

**Alter:**
ab 5 Jahren

Alle Kinder stehen im Kreis und halten einen Balancierstab, auf dem ein kleiner Ball liegt, in der rechten Hand. Stehen alle Kinder ganz ruhig auf ihren Plätzen, dann wird ein beliebiges Kind bestimmt, welches zu einer getragenen Musik mit seinem Balancierstab in der Hand verschiedene Bewegungsabläufe vormachen darf. Indem das Kind sich beispielsweise ganz langsam um die eigene Achse dreht oder in die Kreismitte hinein und wieder herausgeht, machen die anderen Kinder alles nach. Das geht solange bis das Kind irgend-

wann mit seiner linken Hand die Schulter seines linken Nachbarn antippt, der daraufhin die Führung übernimmt.

## Zwei gleich hohe Türme bauen

Bei dem folgenden Spiel wird der Teamgeist geweckt und das Fingerspitzengefühl geschult, indem die Kinder zunächst einen möglichst hohen Turm mit ganz normalen Bausteinen bauen, welchen sie dann mit möglichst wenig Alltagsmaterialien nachbauen müssen.
Um dies realisieren zu können, müssen die Kinder ein Material auswählen, welches nach ihrer Meinung den besten Bauuntergrund bietet. Ist ein solches Material gefunden, legen die Kinder dieses neben den Bausteinturm. Danach überlegen sich die Kinder, welche Materialien sich zum Weiterbauen eignen. Sollte bei diesem Bauvorhaben irgendwann ein Stück herunterfallen oder der Turm frühzeitig einstürzen, fängt das Spiel wieder ganz von vorne an.

**Materialien:**
Bausteine, vielfältige Materialien, wie leere Pappschachteln, Küchenrollen, Papierstreifen, Dosen etc.

**Alter:**
ab 4 Jahren

## Kreis-Fußball

Die Kinder bilden einen Kreis und geben sich die Hände. Der Spielleiter kickt einen Softball in die Kreismitte, welchen die Kinder sich mit ihren Füßen gegenseitig zuspielen müssen. Weil aber die Hände während des Ballspiels nicht losgelassen werden dürfen, müssen alle Kinder äußerst behutsam und aufmerksam sein.

**Materialien:**
Softball

**Alter:**
ab 4 Jahren

*Variante:* Damit das gegenseitige Zuspielen des Balls nicht willkürlich geschieht, wird immer das Kind genannt, welches als nächstes den Ball erhalten soll.

## Wer spielt dieses Tier?

**Materialien:**
Tier-Memory

**Alter:**
ab 4 Jahren

Die Kinder halten jeweils ein Kärtchen mit einem Tiermotiv in den Händen, welches die anderen Mitspieler nicht sehen dürfen. Genauso viele Kärtchen mit den gleichen Tiermotiven werden zudem verdeckt auf den Tisch gelegt. Nun fängt ein Kind an und dreht ein beliebiges Kärtchen um. Nacheinander machen die Kinder jetzt ihr Tier akustisch nach. Hört sich dabei ein Tier wie das auf dem Kärtchen zu sehende an, müssen alle anderen Kinder sofort reagieren und auf das entsprechende Kind deuten. Bestätigt das Kind die Aussage, dann darf es ein weiteres Kärtchen umdrehen.

*Variante:* Dreht ein Kind ein Kärtchen um, dann stellen die Kinder der Reihe nach das auf ihrem Kärtchen zu sehende Tier pantomimisch dar. Hierbei muss wieder das Kind entlarvt werden, welches das aufgedeckte Tiermotiv vorstellt.

## Slalom laufen mit dem Balancierstab

**Materialien:**
Balancierstab,
ein kleiner Ball

**Alter:**
ab 5 Jahren

In einem großzügig gestellten Stuhlkreis stehen die Kinder auf ihren Stühlen und warten gespannt ab, bis ein ausgewähltes Kind mit seinem Balancierstab, auf dem ein Ball liegt, im Slalom um die einzelnen Stühle herum geht. Sobald das Kind auf seinem Platz sitzt, bestimmt es ein weiteres Kind, welches von seinem Stuhl hüpft und den Vorgang wiederholt. Erst wenn alle Kinder wieder auf ihren Plätzen sitzen, ist das Spiel beendet.

*Variante:* Ein Kind geht mit seinem Balancierstab einmal im Kreis herum. Sobald das Kind wieder auf seinem Platz sitzt, blinzelt es einem anderen zu, welches daraufhin losgeht.

# Unsere Fußspuren

Eine große Papierrolle wird auf dem Boden ausgelegt, um welche die Kinder barfüßig herum sitzen. Sind die Kinder ganz leise, malen sie mit ihren Wachsmalstiften eine große Blumenwiese. Damit sich die Kinder besser auf die Sache einlassen können, empfiehlt es sich, eine dazu passende Entspannungsmusik leise erklingen zu lassen. Nach dem Gestalten bemalen die Kinder ihre Füße mit den bereitgestellten Fingerfarben. Hierbei sollte man alte Zeitungen als Unterlage benutzen. Haftet die Farbe auf den Füßen, gehen die Kinder nacheinander auf ihrer „Blumenwiese", spazieren, um ihre Fußspuren zu hinterlassen. Auch wenn die einzelnen Fußspuren den jeweiligen Kindern meist nicht mehr zugeordnet werden können, macht diese Aktion gerade in der Gruppe besonders viel Spaß!

**Materialien:**
Papierrolle, Wachsmalstifte, Fingerfarben, alte Zeitungen, Kassettenrekorder, Entspannungsmusik mit Naturgeräuschen

**Alter:**
ab 4 Jahren

# 6. Bewegungsgeschichten für das Wohlbefinden

## Aktiv Schwierigkeiten überwinden lernen

Kurze Bewegungsgeschichten, deren Handlung die Kinder innerlich berührt, sind absolut motivierend. Sie entsprechen den kindlichen Interessen und haben einen Bezug zur natürlichen Lebenswelt der Kinder.

Dadurch, dass die Kinder sich sowohl bewegen als auch der Geschichte lauschen, werden viele Dinge, wie die Motorik, die Fantasie und die Kreativität geschult sowie das Gedächtnis trainiert. Indem die Kinder sich ganz bewusst in die einzelnen Figuren der Geschichte hineinversetzen, wird zudem das Einfühlungsvermögen gefördert. Darüber hinaus erleben die Kinder wie Schwierigkeiten,

die im Alltag auftauchen können, überwunden werden. Natürlich kann es dabei passieren, dass die Kinder während der Geschichte selbst Ideen entwickeln, die vielleicht zu dem einen oder anderen Lösungsweg führen. Weil die Beiträge der Kinder eine große Bereicherung sind, sollte man sich nicht davor scheuen, die nachfolgenden Bewegungsgeschichten den Bedürfnissen der Kinder anzupassen. Die Kinder sollen mit Begeisterung dabei sein und sich von den Geschehnissen mitreißen lassen können. Besonders leicht gelingt dies, wenn wir uns als Erziehende selbst mit Freude bewegen und dabei die Geschichte lebendig erzählen.

## Die Wut des kleinen Tigers

**Wütend ist der kleine Tiger,**
**urplötzlich und immer wieder.**
*Die Kinder zeigen, wie wütend sie sein können.*
**Dabei zeigt er die Krallen seiner Tatzen,**
**mit denen droht er alle Tiere zu kratzen.**
*Alle Kinder heben ihre Hände in die Luft und stellen*
*mit ihren Fingern die Krallen dar.*
**Streckt er vor Wut seine Zunge heraus,**
**schaut er gar nicht mehr schön aus!**
*Nun strecken die Kinder ihre Zunge heraus.*
**Sein Gebrüll ist besonders laut zu hören,**
**wenn auf der Speisekarte steht: „Gekochte Möhren".**
*Wie ein Tiger brüllen die Kinder so laut wie möglich.*
**Zum Aushalten ist's mit dem Tiger nicht mehr,**
**doch stört das den Tiger nicht sehr.**
*Die Kinder zucken mit den Schultern*
*und zeigen ihre Gleichgültigkeit.*

**Es dauert nicht lange, da merkt er, das andere ihn meiden,**
**denn keiner kann ihn mehr richtig leiden.**
*Alle Kinder schauen sich um und stellen fest,*
*dass sie niemand mehr beachtet.*
**„Ach, hätte ich bloß einen Freund!",**
**schluchzt der Tiger und weint.**
*Die Kinder tun so als ob sie weinen.*
**Weil die Tränen ihn nicht weiterbringen,**
**fängt er an ein Mutlied zu singen.**
*Alle Kinder schleichen im Raum umher*
*und singen gemeinsam ein Lied.\**
**Nach dem Lied bleibt er regungslos stehen,**
**denn jetzt will er nicht mehr weitergehen.**
*Nun bleiben alle Kinder wie versteinert stehen.*
**Nun wird ihm auf einmal klar,**
**wie gemein er zu den Tieren war.**
*Die Kinder demonstrieren ihre Einsicht,*
*indem sie mit ihrem Zeigefinger auf ihre Stirn deuten.*
**Fortan will er lieber freundlich sein,**
**denn dann ist er nicht mehr so allein.**
*Jetzt machen alle Kinder einen freundlichen,*
*aufgeschlossenen Gesichtsausdruck.*
**Indem er zu den einzelnen Tieren geht,**
**spürt er wie der Wind um seine Nasenspitze weht.**
*Immer zwei Kinder gehen aufeinander zu und*
*bleiben voreinander stehen.*
**Steht er vor einem Tier und sagt er, ein wenig leise, aber klar:**
**„Was für ein Dummkopf ich doch war!"**
*Kinder sprechen leise miteinander.*
**Der Tiger streckt freundschaftlich eine Pfote aus**

---

\* z. B.: Du schaffst alles, wenn Du's willst, von Volker Rosin,
auf der CD Heut' ist Partytime

**und zieht aus seinem Pelz ein Geschenk heraus.**
*Die Kinder geben sich gegenseitig die Hände und*
*stellen pantomimisch das Geschenk-Hervorholen dar.*
**Nein, das Geschenk brauchen die Tiere nicht,**
**aber umarmen wollen alle den kleinen Wicht!**
*Zum Schluss umarmen sich die Kinder ganz herzlich.*

## Der Streit zwischen den Drachen

**So wird der Drachen gebastelt:**
Ein quadratisches Blatt zu einem Dreieck falten. Danach auseinander falten und beide Ecken bis zur Mittelinie knicken, sodass eine Raute entsteht. Anschließend die eingeschlagenen Seiten festkleben und evtl. ein Stück Wolle an der Drachenspitze anbringen. Zum Schluss den Drachen einfach herumdrehen und anmalen.

Materialien:
gefaltete Papierdrachen
(quadratisches Falt-
papier 20 × 20 cm,
Klebstoff, Wachs-
malstift, Wolle
oder Schnur)

**Bläst der Wind auf den Wiesen und Weiden,**
**ist die Zeit gekommen, wo viele Drachen steigen.**
*Alle Kinder halten ihren Papierdrachen in der Hand*
*und sitzen in der Hocke. In dieser Position stehen sie*
*langsam auf und zeigen dabei ihren Drachen.*
**„Am Himmel sehen alle Drachen wunderschön aus!",**
**bestätigt auch eine auf dem Feld lebende Maus.**
*Indem die Kinder im Raum herumgehen, zeigen sie sich*
*gegenseitig stolz ihre Drachen.*
**Besonders gerne und immer wieder,**
**fliegen die Drachen auf und nieder.**
*Die Kinder strecken und beugen sich beim Gehen.*
**Auch fliegen sie mit Vergnügen hin und her,**
**selbst Kreise drehen fällt ihnen nicht schwer.**
*Die Kinder gehen im Raum hin und her.*

81

*Kinder bilden Kreis und gehen hintereinander im Kreis herum.*
**Irgendwann wollen sie sich gegenseitig kriegen,**
**sodass sie plötzlich alle ganz schnell fliegen.**
*Danach gehen (nicht laufen!) sie möglichst schnell im*
*Kreis herum und versuchen sich gegenseitig zu überrunden.*
**Bald darauf ist jedoch der Wettlauf wieder vorbei,**
**denn es kommt zu einem fürchterlichen Gerangel und Geschrei.**

*Bevor die Runde zu Ende ist, bleiben alle Kinder stehen*
*und tun so, als ob sie miteinander streiten.*
**Zwar fliegen die Drachen nun gemeinsam ganz weit fort,**
**doch sprechen tun sie miteinander kein Wort.**
*Alle Kinder gehen wortlos aneinander vorbei.*
**Vom Wind lassen sich alle Drachen tragen,**
**ohne dabei den anderen etwas zu fragen.**
*Die Kinder gehen langsam im Raum herum und*
*machen dabei einen traurigen Gesichtsausdruck.*
**Doch plötzlich bilden die Drachen einen Kreis**
**und sind dabei ganz leis.**
*Alle Kinder bilden einen großen Kreis.*
**Um einen Sturm vorüber ziehen zu lassen,**
**beginnen sie sich gegenseitig anzufassen.**
*Die Kinder legen ihren Drachen auf den Boden*
*und fassen sich gegenseitig an den Händen.*
**Alle Drachen fangen gleichzeitig an diese Worte zu sagen:**
**„Ist die Gefahr vorbei, wollen wir uns wieder vertragen!"**
*Alle Kinder wiederholen laut den Satz.*
**Zum Glück bleibt der Sturm einfach fort,**
**und das freut nun wirklich alle im Ort.**
*Vor Freude umarmen sich die Kinder gegenseitig.*

# Wie zwei Schnatterenten
# gemeinsam ein Küken retten

**Mit ihrem Geschnatter machen zwei Enten alle Tiere wach,
denn das macht einen riesengroßen Krach!**
*Immer zwei Kinder stellen sich gegenüber und schnattern so laut wie
eine Ente.*
**Obwohl beide Enten genügend Platz zum Schwimmen haben,
wollen sie lieber ringen statt gemeinsam im See zu baden.**
*Nun fassen die Kinder sich gegenseitig an die Schultern
und stellen pantomimisch den Ringkampf dar.*
**Weil beide gleichstark sind,
benehmen sie sich wie ein zorniges Kind.**
*Der Ringkampf wird immer heftiger.*
**Während sie kämpfen, fliegen die Federn nur so umher,
denn ein miteinander Auskommen gibt es nicht mehr.**
*Jetzt erreicht der Ringkampf seinen Höhepunkt.*
**Weil den Enten jedoch die Kräfte ausgehen,
ist auch bald kein Kampf mehr zu sehen.**
*Nun hören die Kinder zum Kämpfen auf.*
**Erschöpft sitzen die beiden Enten Rücken an Rücken
und betrachten zwei vorbeifliegende kleine Mücken.**
*Die Kinder setzen sich Rücken an Rücken und schauen in die Luft.*
**Warum können sie sich nicht wie die beiden Mücken verstehen
oder wenigstens einen Schritt aufeinander zugehen?**
*Alle Kinder bleiben sitzen und blicken stur geradeaus.*
**Stattdessen sitzen sie regungslos am gleichen Ort
und sprechen miteinander kein Wort.**
*Immer noch bleiben die Kinder stillschweigend sitzen.*
**Doch plötzlich springen beide auf,
denn eine Stimme ruft: „Holt mich hier raus!"**

*Nun stehen alle Kinder auf.*
**Ein kleines Küken droht zu ertrinken,**
**sodass die Enten ihm sofort zuwinken.**
*Die Kinder winken dem in ihrer Fantasie hilfeflehenden Küken zu.*
**Beide Enten schnattern: „Halt noch ein bisschen aus,**
**wir kommen und holen dich heraus!"**

*Die Kinder machen das Schnattern der Enten nach*
*und tun so als ob sie in den See hinein springen.*
**Kreisen die Enten das Küken dann ein,**
**werden sie es auch gleich befrein.**
*Immer zwei Kinder geben sich die Hände*
*und gehen im Kreis um das imaginäre Küken herum.*
**Gemeinsam holen sie das Küken aus dem See heraus**
**und die Geschichte, die ist jetzt aus!**
*Immer zwei Kinder tun so, als ob sie gemeinsam*
*ein Küken aus dem See herausholen.*
*Am Ufer wieder angekommen, umarmen sich die beiden Kinder*
*gegenseitig und freuen sich über die geglückte Rettungsaktion.*

## Es kommt auf den Ton an!

Materialien:
Handtrommel,
Triangel,
Kassettenrekorder,
ruhige Instrumental-
musik

**Weil es trommelt den ganzen Tag,**
**gibt es kein Instrument, welches die Trommel mag.**
*Die Spielleiterin trommelt kräftig.*
*Zum Rhythmus gehen die Kinder stampfend im Raum umher.*
**So braucht es nicht viel Zeit,**
**bis er da ist – der Streit.**

*Jetzt schlägt die Spielleiterin ein wenig kräftiger*
*auf die Trommel, sodass die Kinder beim Gehen*
*ebenfalls heftiger stampfen.*

**Dadurch, dass die Trommel noch lauter ist als je zuvor,**
**ist das gar nicht angenehm für unser Ohr.**

*Die Spielleiterin trommelt jetzt so kräftig wie möglich,*
*und die Kinder stampfen so laut sie können.*

**Doch auf Dauer eine solche Wut –**
**tut das der Trommel wirklich gut?**

*Alle Kinder machen einen wütenden Gesichtsausdruck.*

**Als irgendwann die Trommel nicht mehr streiten kann,**
**fängt eine Triangel ein ruhiges Gespräch mit ihr an.**

*Der Spielleiter schlägt immer leiser und langsamer auf die Trommel.*
*Dementsprechend passen die Kinder ihr Bewegungstempo an.*

**Die Triangel geht leise auf die Gefühle der Trommel ein**
**und sagt: „Ist es für dich denn gut so wütend zu sein?"**

*Ein Kind schlägt ganz leise auf die Triangel,*
*die Kinder bleiben stehen und hören zu.*

**„Bestimmt ist es besser etwas gedämpfter zu schlagen",**
**meint die Trommel und streichelt dabei ihren sensiblen Magen.**

*Die Spielleiterin trommelt sanft. Genauso leise gehen die Kinder im*
*Raum umher. Alle Kinder reiben mit ihren Händen behutsam den*
*Bauch.*

**Noch leiser als durch die Finger rieselnder Sand,**
**ist jetzt die Trommel zu hören im ganzen Land.**

*Zum sanften Trommelschlag gehen die Kinder möglichst*
*geräuschlos durch den Raum.*

**Deshalb lädt die Triangel die Trommel ein**
**und bittet sie in den Konzertsaal hinein.**

*Die Kinder bleiben im Raum stehen und laden sich gegenseitig ein.*

**Dort verspricht die Trommel fortan ruhiger zu bleiben**
**und alles was den anderen Instrumenten schadet zu vermeiden.**

*Die Kinder besiegeln mit einem Händedruck dieses Versprechen.*
**Schau wie gut sich nun alle mit der Trommel verstehen,**
**du brauchst dich nur einmal umzusehen!**
*Zum Rhythmus einer leisen Instrumentalmusik trommelt die Spielleiterin. Dabei tanzen die Kinder solange im Raum herum, bis die Musik verstummt.*

## Die Stacheln des Igelchens

Materialien:
Igelbälle

**Das Igelchen rollt sich zu einer Kugel ein,**
**denn ganz stachelig möchte es am liebsten sein.**
*Jedes Kind rollt abwechselnd mit dem rechten und linken Fuß seinen Igelball im Kreis herum.*
**Doch die Kugel kann nur rollen und sich drehen,**
**aber nicht besonders gut weitergehen.**
*s.o.*
**Zunächst scheint das das Igelchen nicht viel zu stören,**
**denn es möchte zu den starken und gefährlichen Tieren gehören.**
*s.o.*
**Irgendwann bleibt das Igelchen nachdenklich stehen,**
**schließlich möchte es doch irgendwie auch weitergehen.**
*Nun lassen die Kinder einen Fuß auf dem Igelball ruhen.*

**Zaghaft streckt es sein Näschen in die Luft**
**und schnuppert den frischen Blumenwiesenduft.**
*Die Kinder heben ihren Kopf*
*und strecken ihre Nasenspitze dem Himmel entgegen.*
**Streckt es sich dann langsam aus,**
**kann es wieder in die Welt hinaus.**
*Alle Kinder recken und strecken sich. Anschließend bewegen sie mit der Fußsohle ihren Igelball durch den Raum.*

86

**Es geht einen großen Berg hinab
und sucht unten alle Ecken und Winkel ab.**
*Jedes Kind bewegt seinen Igelball überall im Raum herum.*
*Fuß wechseln.*
**Vor allem hinter den Hecken,
kann es viele Kostbarkeiten entdecken.**
*Immer wenn die Kinder etwas finden, lassen sie ihren*
*Fuß kurz auf dem Igelball ruhen und bewegen sich dann weiter.*

**Weil alle Tiere das Igelchen nun so viel lieber haben,
wollen sie ihm die Freundschaft antragen.**
*Die Kinder bewegen langsam ihren Igelball durch den Raum.*
**Sie reichen dem Igelchen die Hand
und zeigen ihm das ganze Land.**
*Immer wenn sich zwei Kinder begegnen, geben sie sich die Hand.*
**Fortan rollt sich das Igelchen nur noch ein,
wenn Gefahr besteht, denn das muss zu seinem Schutze sein!**
*Alle Kinder rollen jetzt wieder mit dem linken und rechten Fuß*
*abwechselnd den Igelball im Kreis herum.*
**Heute ist es aber wesentlich gescheiter,
deshalb geht es nach der Gefahr gleich weiter.**
*Nun bewegen die Kinder mit der Fußsohle ihren Igelball durch den*
*Raum.*
**Und möchte es was von der Welt sehen,
bleibt es einfach zwischendurch mal stehen.**
*Immer wenn die Kinder etwas entdecken,*
*lassen sie den Fuß auf dem Igelball ruhen.*
**Ist es dann wieder zu Haus,
ruht es sich von seiner Reise aus!**
*Die Kinder bewegen ihren Igelball langsam im Raum herum.*
*Danach lassen sie den Fuß auf dem Igelball ruhen.*

# Der Riese, der sich klein fühlte

**Es war einmal eine Riese, der war eigentlich ziemlich klein
aber zu den im Wald lebenden Zwergen ganz schön gemein.**
*Die Kinder verteilen sich im Raum und suchen sich einen Platz.
Als Riese stellen sie sich auf die Zehenspitzen und strecken dabei ihre
Arme in die Luft. Danach gehen sie in die Hocke, um möglichst klein
auszusehen.*
**Klatschte der Riese laut in seine Hände,
zitterten sogar die Häuserwände.**
*Alle Kinder stehen auf und klatschen möglichst laut in die Hände.*
**Lachte der Riese besonders laut vor sich her,
erschraken die Zwerge umso mehr.**
*Jetzt lachen alle Kinder möglichst laut.*
**Weil er heftig stampfte, war bald kein Haus mehr zu sehen,
deshalb mussten die Zwerge aus ihrem geliebten Wald fortgehen.**
*Die Kinder stampfen ganz fest auf den Boden.*
**Doch so allein – wollte er das wirklich sein?**
*Die Kinder stellen pantomimisch dar, wie sie sich fühlen,
wenn sie ganz allein sind.*
**Der Riese ging im Kreis umher
und vermisste dabei die Zwerge sehr.**
*Alle Kinder gehen mit großen Schritten im Kreis
herum und machen dabei einen traurigen Gesichtsausdruck.*
**Ein Vögelein, welches sah, wie der Riese litt,
machte ihn durch einen Vorschlag wieder fit.**
*Die Kinder tun so als ob sie traurig sind.
Danach springen sie begeistert in die Luft.*
**Mit der Axt fällte er zwei große Bäume
und baute mit dem Holz viele kleine Wohnräume.**
*Alle Kinder stellen das pantomimisch dar.*

**Danach stellte er eine weiße Friedensfahne auf
und lockte die Zwerge aus ihren Verstecken heraus.**
*Jetzt stellen die Kinder eine imaginäre Fahne auf.*
**Der Riese entschuldigte sich bei jedem einzelnen Zwerg
und zeigte dabei auf die Friedensfahne, dort oben auf dem Berg.**
*Die Kinder gehen aufeinander zu und reichen sich die Hände.*
**Anschließend ging er mit den Zwergen in den Wald,
denn auf dem freien Feld war es wirklich bitterkalt.**
*Nun gehen die Kinder im Raum umher.*
**Als die Zwerge ihre neuen Häuser sahen, da war was los
und die Freude natürlich riesengroß!**
*Alle Kinder hüpfen vergnügt im Raum herum.*

## Der Streit um eine Mohrrübe

**Das ist die Geschichte von zwei Hasen,
kurz genannt die Schnuppernasen.**
*Die Kinder stehen im Kreis und deuten auf ihre Nase.*
**Sie leben in dem gleichen Ort
und hüpfen gerne gemeinsam fort.**
*Jeweils zwei Kinder, die direkt nebeneinander stehen, hüpfen
gemeinsam durch den Raum.*
**Im Winter spielen sie ausgiebig im frischen Schnee
und im Frühjahr setzen sie sich gerne in den weichen Klee.**
*Paarweise stellen die Kinder dar, wie sie miteinander spielen.
Anschließend setzen sie sich auf den Boden.*
**Im Sommer springen sie gerne den großen Berg hinunter
und im Herbst macht sie der frische Wind ganz munter.**
*Hand in Hand springen die Kinder im Raum hin und her.*

Materialien:
Mohrrüben

**Sie können sich eigentlich gar nicht beklagen,**
**gäbe es da nicht einen Druck in ihrem Magen.**
*Die Kinder bleiben stehen und deuten mit der Hand*
*auf ihren Magen.*
**Denn während sie kürzlich wegen einer Mohrrübe zankten,**
**wies sie niemand von den Tieren in die Schranken.**
*Kinder zerren beide an der Möhre.*
**Doch mit dieser Zankerei ist nicht zu scherzen,**
**denn sie verursachte schließlich die Bauchschmerzen.**
*Die Kinder streicheln mit der flachen Hand ihren Bauch.*
**Fast so leise wie eine Maus,**
**denken sie sich deshalb etwas aus.**
*Die Kinder tun so als ob sie nachdenken.*
**Wenig später einigten sie sich darauf:**
**„Am besten fressen wir die Mohrrübe zusammen auf!"**
*Pantomimische Unterhaltung der zwei Hasen.*

**Deshalb soll jeder ein Stück von der Mohrrübe erhalten**
**und für sich ganz alleine behalten.**
*Nun teilt jedes Paar mit einem Knack seine Möhre.*
**Nun wollen sie sich auch wieder vertragen,**
**denn so ein Streit schlägt nur unnütz auf den Magen.**
*Jetzt deuten die Kinder wieder auf ihren Magen.*
**Am Ende berühren sich die beiden Hasen**
**ganz sanft mit ihren kleinen Schnuppernasen.**
*Behutsam umarmen sich die Kinder gegenseitig,*
*sodass sich die Nasenspitzen berühren.*
**Weil beide Entschuldigung sagen,**
**braucht sich keiner mehr zu beklagen.**
*Die Kinder geben sich die Hände und*
*verspeisen genüsslich ihre Mohrrüben.*

# 7. Das macht mich ruhig und entspannt

## Streichelmassagen für jeden Tag

Eine Geschichte hören und dabei entweder den Rücken des Partners sanft berühren oder gar selbst von diesem verwöhnt werden, sind ganzheitliche Erfahrungen, welche den Kindern viel Sicherheit, Nähe, Vertrauen und Geborgenheit geben. Auf diese Weise sind die Kinder erheblich weniger nervös, zappelig, launisch, gereizt und unkonzentriert.

Hierbei sei aber darauf hingewiesen, dass der äußere Rahmen für den Erfolg eine nicht zu unterschätzende Rolle spielt. So sollte der Raum, indem die Kinder aufmerksam einer Geschichte lauschen und dabei die warmen, massierende Hände einer vertrauten Person auf dem eignen Rücken spüren, möglichst viel Ruhe und Gemütlichkeit ausstrahlen. Kerzenlichter in einem leicht abgedunkelten Raum und leise erklingende Meditationsmusik können auf Kinder äußerst beruhigend wirken. Um sich rundherum wohlfühlen zu können, müssen die Kinder zudem selbst entscheiden, ob sie lieber im Sitzen oder

# Das alles macht mir Spaß!

**Gerne hüpfe ich ihn und her,**
**denn ausruhen fällt mir oftmals schwer.**
*Mit dem Zeige- und Mittelfinger auf dem Rücken trippeln.*
**Auch rutsche ich gerne einen Berg hinunter,**
**bei manchen geht es besonders steil runter.**
*Jetzt mit der Handfläche den Rücken hinuntergleiten*
**Karussellfahren macht mir zudem viel Spaß,**
**trotzdem gebe ich gleichmäßig Gas!**
*Die Handfläche kreisförmig auf dem Rücken bewegen.*
**Am Abend aber, das gebe ich gerne zu,**
**mag ich ein Gutnachtlied und die himmlische Ruh!**
*Die Melodie von „Schlafkindlein schlaf" summen und*
*dabei den Kopf des Kindes streicheln.*

# Der Frosch auf der Mauer

**Ein Frosch hüpft auf eine Mauer,**
**denn er ist auf der Lauer.**
*Mit dem Zeige- und Mittelfinger auf dem Rücken trippeln.*
**Doch wegen seines ständigen Hin und Her,**
**ist das Fliegenfangen sehr schwer.**
*Jetzt die beiden Fingerspitzen auf dem Rücken umher trippeln lassen.*
**Wenig später fliegt die Fliege einfach wieder fort**
**und sucht sich einen anderen Ort.**
*Mit der flachen Hand den Rücken hinuntergleiten,*
**So kommt's, dass der Frosch auf die Wiese springt**
**und dort ganz laut ein Quaklied singt.**
*Zeige- und Mittelfinger auf dem Rücken trippeln lassen*
*und dabei wie ein Frosch quaken.*

# Der kleine Zwerg und der große Berg

**Es war einmal ein kleiner Zwerg,**
**der lebte auf einem hohen Berg.**
*Mit dem Zeigefinger den Umriss eines*
*Bergs auf den Rücken malen.*
**Voller Freude sprang er hin und her**
**und schaute hinunter auf das Meer.**
*Zeige- und Mittelfinger auf dem Rücken umher trippeln lassen.*
**Dort sah er ein Inselchen rund und fein,**
**gerne würde er dort einmal sein.**
*Mit der Handfläche eine Kreisbewegung auf dem Rücken machen.*
**Gesagt, getan – ein Zwerg ein Wort,**
**nun ging der Kleine einfach fort.**
*Abermals Zeige- und Mittelfinger*
*auf dem Rücken umher trippeln lassen.*
**Doch bald war die Sehnsucht nach dem hohen Berg groß,**
**deshalb ging der Zwerg wieder in Richtung Heimat los.**
*Mit dem Zeigefinger wieder den Umriss des Bergs*
*auf den Rücken malen.*
**Endlich auf der Bergspitze angekommen,**
**war der kleine Zwerg etwas benommen.**
*Die Hand auf eine Schulter legen.*
**Um Kraft zu schöpfen in aller Ruh,**
**machte er einfach seine Äuglein zu!**
*Das Kind schließt die Augen und träumt vor sich hin.*
*Dabei sanft den Kopf des Kindes streicheln.*

## Der Regenbogen am Horizont

**Nass ist alles weit und breit,**
**denn es regnet schon die ganze Zeit.**
*Die Fingerspitzen beider Hände auf dem*
*Rücken umher trippeln lassen.*
**Hört es aber dann zu regnen auf,**
**kommt die liebe Sonne heraus.**
*Die flache Hand kreisförmig auf dem Rücken bewegen.*
**Du musst dich nur ein bisschen recken,**
**dann kannst du den Regenbogen entdecken.**
*Beide Hände langsam den Rücken hinunter gleiten lassen.*
**Dieses Bild erfreut auch dein Herz**
**und lässt vergessen so manchen Schmerz.**
*Mit dem Zeigefinger ein großes Herz auf den Rücken malen.*

## Was macht die Schnecke?

**Jeden Morgen steht die Schnecke auf**
**und verlässt ihr rundes warmes Haus.**
*Mit der flachen Hand eine Kreisbewegung auf dem Rücken machen.*
**Danach geht sie langsam einen steilen Berg hinunter,**
**denn dort auf der Wiese sind die Blumen viel**
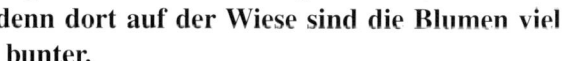
**bunter.**
*Langsam die flache Hand den Rücken hin-*
*untergleiten lassen.*
**Nun sucht sie sich ein saftiges Blatt**
**und frisst sich so richtig satt.**
*Die flache Hand kreisförmig auf dem*
*Rücken bewegen. Dann sanft*
*zupfen.*

**Rund vom Fressen macht sie dann,**
**einen Mittagschlaf irgendwann.**
*Immer weiter die flache Hand kreisförmig auf dem Rücken*
*bewegen, anschließend ruhen lassen.*


## Der Osterhase in der Blumenvase

**Es war einmal ein kleiner Osterhase,**
**der hüpfte direkt in eine Blumenvase.**
*Zeige- und Mittelfinger auf dem Rücken hin und her hüpfen lassen.*
**Doch um wieder etwas zu sehen,**
**möchte er am liebsten wieder gehen.**
*Nun mit dem Zeige- und Mittelfinger*
*auf dem Rücken spazieren gehen.*
**Schnuppert er das weiche Moos,**
**hüpft er aus der Vase und springt los.**
*Zeige- und Mittelfinger wieder auf dem Rücken hin*
*und her hüpfen lassen.*
**Vor dem Moos bleibt er stehen,**
**um es sich genauer anzusehen.**
*Zeige- und Mittelfinger auf dem Rücken ruhen lassen.*
**Der Osterhase legt sich in das Moosbett hinein**
**und schläft vor lauter Müdigkeit ein.**
*Mit der flachen Hand eine Kreisbewegung auf dem Rücken machen*
*und dabei leise „schnarchen".*

# Wer klopft denn da?

**Klopft es dort am Baum**
**oder ist das nur ein Traum?**
*Mit den Fingerspitzen leicht auf den Rücken klopfen.*
**Nein, ich kann ihn klopfen sehen**
**und auch diese Aktion verstehen.**
*Auf dem Rücken sanft weiter klopfen.*
**Sobald der Specht eine Wohnung baut,**
**ist es manchmal eben etwas laut.**
*Nun mit den Fingerspitzen etwas langsamer*
*auf dem Rücken klopfen.*
**Liegen seine Kindlein dann im weichen Moos,**
**ist bestimmt unglaublich viel los!**
*Mit der flachen Hand eine Kreisbewegung auf dem Rücken machen.*

## Der glückliche Igel

**Ein Igel krabbelt auf dem weichen Grase**
**und schnuppert mit seiner kleinen Nase.**
*Bis auf den Daumen die Fingerspitzen auf dem*
*Rücken spazieren gehen lassen.*
**Doch plötzlich bleibt er stehen,**
**denn ein Fuchs möchte in seine Richtung gehen.**
*Jetzt die Fingerspitzen auf dem Rücken ruhen lassen.*
**Sofort rollt sich der Igel zu einer Kugel ein**
**und macht sich somit ziemlich klein.**
*Mit der flachen Hand Kreisbewegungen auf dem Rücken*
*machen.*
**Der Fuchs geht zu einem Baum,**
**denn er bemerkt den Igel kaum.**

98

*Bis auf den Daumen alle Fingerspitzen auf dem Rücken umher*
*spazieren lassen.*

**Danach macht sich der Igel groß**
**und marschiert tapfer wieder los.**

*Nun mit der flachen Hand langsam über den Rücken streicheln.*
*Dann alle Finger auf dem Rücken umher spazieren lassen.*

**Im warmen Bau zurück,**
**freut sich der Igel über sein Glück!**

*Danach mit der flachen Hand Kreisbewegungen auf dem Rücken*
*machen.*


## Wenn der Wasserhahn tropft

**Der Wasserhahn tropft immerzu**
**und gibt einfach keine Ruh!**

*Sanft mit den Fingerspitzen auf den Rücken klopfen.*

**Ich gehe zu einem Handwerksmann,**
**denn der muss jetzt mit seinem Werkzeug ran.**

*Zeige- und Mittelfinger auf dem Rücken spazieren gehen lassen.*

**Hört es dann langsam auf zu tropfen,**
**braucht der Handwerker nicht mehr zu klopfen.**

*Immer langsamer die Fingerspitzen auf dem Rücken bewegen,*
*bis sie schließlich regungslos stehen bleiben.*

**Dreht er den Hahn noch etwas zu,**
**gibt es schließlich die gewünschte Ruh!**

*Die Hand kreisförmig auf dem Rücken bewegen.*

# 8. Wohlfühlräume zum Bewegen und Entspannen

## Bewährte Einrichtungsideen für alle Sinne

Mit Spielzeug und anderen Dingen vollgestopfte dunkle stickige Räume überfordern die Sinne und beinträchtigen das Wohlbefinden, weil sie einerseits zu viele Reize und andererseits zu wenig Licht und Sauerstoff bieten.

Dagegen sind helle großzügig und ideenreich gestalte Räume, wie in diesem Kapitel beschrieben, befreiend für die Kinderseele. Natürlich sind dabei auch die Farben, die das Kind umgeben, maßgebend. So bieten sich für Aktivräume, beispielsweise die Farbe Orange und Rot geradezu an. Im Gegensatz dazu sind für Ruhe- und Schlafräume vielmehr beruhigende Farben, wie Blau und Türkis geeignet. Allerdings sollten die Farben, welche man für die einzelnen Räume auswählt, weder zu dunkel noch zu kräftig ausfallen.

Aufgrund dieser Tatsachen sollten wir uns immer wieder fragen, ob die Räume, welche den Kindern zur Verfügung stehen, ihren eigentlichen Bedürfnissen entsprechen. Auch wenn Altbewährtes nicht

schlecht sein muss, kann nach einer gewissen Zeit ein „Tapeten-wechsel", bei denen die Kinder ihre Ideen einbringen und umsetzen können, ausgesprochen harmonisierend wirken. Denn Kinder, die aktiv ihren Lebensraum mitgestalten können, sind weitaus weniger aggressiv. Vielmehr fühlen sie sich ernst genommen und in ihrem Können bestätigt.

## Der Snoezel-Therapie-Raum – für die sinnliche Wahrnehmung

Riechen und schnüffeln, ruhen und dösen, – all dies beinhaltet das holländische Wort Snoezelen, welches bereits besagt, wie ein sinn-licher Wahrnehmungsraum beschaffen sein sollte. So ist es vor allem erforderlich, dass der Raum eine ruhige und behagliche Atmosphäre ausstrahlt. Dies wird mit Hilfe von geeigneten Materialien, wie einer Tastwand, einer Hängematte, einem Ultraschallvernebler, einem unzerbrechlichen Kunststoff-Spiegel, verschiedenen Lichtfaser-Ob-jekten, einer Spiegelkugel, einem Blacklight-Aqua-rium und einer Wasserwirbelsäule erreicht. Dennoch gilt auch hier: Weniger ist bekannt-lich mehr! Deshalb muss der Raum mög-lichst reizarm sein. Erst dann können die Kinder in aller Ruhe eine Beziehung zum Raum und den dazugehörigen Materialien herstellen.
Für Mehrzweckräume oder bei Platzmangel bietet sich auch das Snoezelen-Therapie-Mobil mit diversen Materialien an.

## Der Tobe- und Beruhigungsraum – zum Abbau von Wut, Zorn und Frust

Ein vorbereiteter Raum, in dem sich beispielsweise eine Anti-Aggressionswand (eine weich gepolsterte Wand, an der man sich austoben aber nicht verletzen kann),
eine Weichboden-Turnmatte, ein Anti-Aggressions-Zylinder (ihn kann man nach Herzenslust hauen, ohne sich oder anderen wehzutun, alternativ könnte man auch einen Boxsack aufhängen)
und eine Hängematte befinden, kann für Kinder eine wertvolle Hilfe sein, um Aggressionsausbrüche zu überwinden. Ohne die Gruppe zu beeinträchtigen, kann sich das Kind, welches toben und seine Kräfte messen möchte, unauffällig in einen solchen Raum zurückziehen. Ist die überschüssige Energie dann erst einmal abgebaut, wird das Kind sich mit Sicherheit gerne auf der Hängematte ein wenig ausruhen, sodass es kurze Zeit später wieder wesentlich gelassener und ruhiger am Gruppenleben aktiv teilnehmen kann.

## Der Ocean-Raum – zum Verweilen, Entdecken und Träumen

Lebendige Fische im Aquarium beobachten, den Duft einer frischen Meeresbrise riechen und eine leise erklingende Meditationsmusik mit Meeresrauschen hören, all dies kann in einem Ocean-Raum möglich sein, welcher im übrigen gar nicht groß sein muss. Aber auch Sand- und Wassertische, Muscheln, Wassersäulen, selbstgebastelte Fische, „fliegende" Möwen aus Pappmachée, Wolkenmobiles und Sandbilder regen die Sinne an, fördern die Fantasie, schulen die Kreativität und laden zum Träumen ein. Außerdem wird bei dem

einen oder anderen Kind, welches im Ocean-Raum verweilt, auch so manche schöne Erinnerungen an den letzten Urlaub am Meer geweckt.

## Die Bewegungsbaustelle – für Körper, Geist und Seele

Rollbretter, Autoreifen, Wackelbretter, Stelzen, Hüpfbälle, Turnmatten, Kästen, Bettlacken, Rhythmiktücher, Pappkartons und Luftballons sind einige wenige Beispiele dafür, mit welchen Materialien eine kindgerechte Bewegungsbaustelle bestückt werden kann. Weil keineswegs teuere Materialien für die Bewegungsförderung benötigt werden, lässt sich ein großer Raum relativ schnell in eine Bewegungsbaustelle verwandeln. Um den erforderlichen Platz zum Bewegen und Experimentieren zu gewährleisten, sollten die Materialien für Kinder in Wandregalen bereit liegen. Neben den flexiblen Materialien und Geräten sind auch fest installierte Dinge, wie beispielsweise Kletterwände, Seile und Netze, unter denen immer Matten liegen müssen, bestens für den Bewegungsdrang der Kinder geeignet. Um jedoch den Geräuschpegel möglichst gering zu halten, ist in den Innenräumen zudem auf die Deckengestaltung zu achten. Dabei bewirken feuerfeste Textilstücke oftmals Wunder!

*Variante:* Ein mit zweckungebundenen Materialien ausgestatteter Mehrzweckraum oder Flur.

# Der Softplay-Raum –
# zum Bewegen und Entspannen

Im Softplay-Raum, der in der Regel aus gepolsterten Wänden und Böden besteht, befinden sich unterschiedliche transportable Materialien, welche die Sinne ansprechen, Spaß machen, zum Agieren einladen und das Bewegungsbedürfnis befriedigen. Damit sich auch Kinder mit Handikaps im Beschäftigungsraum sicher und wohlfühlen, sind dort hauptsächlich Matratzen sowie allerlei runde und eckige gepolsterte Spielblöcke vorhanden, die eine multifunktionelle Anwendung bieten. Diese unterschiedlich großen, farbigen Bauelemente, die sehr weich und strapazierfähig sind, können dann u. a. zum Bau eines Iglus, einer Höhle, einer Rutsche oder einer Balancierstraße benutzt werden. Neben diesen transportablen Spielblöcken kann aber auch ein aus Schaumstoff gefertigter, von der Decke hängender Zylinder, ein an der Wand angebrachter bruchsicherer Plexiglas-Spiegel, sowie ein in der Ecke stehendes voll gepolstertes Zelt oder Therapiekugelbecken den Softplay-Raum bereichern.

# Der Kreativraum –
# zum Entdecken der eigenen Fähigkeiten

Matschen, Tonen, Werken, Basteln und Malen, – all das kann jederzeit in einem speziell dafür eingerichteten Raum stattfinden. So fühlen sich Kinder, die u. a. an einem Sand- und Wassertisch, an einer Werkbank oder Staffelei selbst aktiv werden dürfen, in ihren Fähigkeiten bestätigt und als Person ernst genommen. Außerdem hilft ein Kreativraum, in dem Kinder in aller Ruhe sinnliche Erfahrungen machen, aber auch nach Lust und Laune beispielsweise so kräftig

wie möglich einen Nagel in ein Holz schlagen können, angestaute Aggressionen abzubauen. Darüber hinaus bieten beispielsweise das Arbeiten mit Ton oder das Malen mit Fingerfarbe unzählige Möglichkeiten, um sich künstlerisch auszudrücken.

## Der Kuschelraum –
## zum Kraft schöpfen im hektischen Alltag

Sich zurückziehen, die Seele baumeln lassen und träumen – das und noch viel mehr finden Kinder in einem noch so kleinen Kuschelraum. Denn anderes als bei einer Kuschelecke im Gruppenraum oder Flur bietet ein abschließbarer Raum erheblich mehr Schutz und Ruhe. Wie letztendlich ein solcher Raum eingerichtet wird, bleibt der Fantasie und Kreativität des Einzelnen überlassen. So können beispielsweise Klappmatten mit Rückenpolster, Knuddelkissen, Kuschelsäcke und Kuscheldecken ebenso wie persönliche Sachen der Kinder, wie Stofftiere, Tücher und Kissen in einem möglichst in zarten Pastelltönen gehaltenen Kuschelraum vorhanden sein. Besonders einladend ist auch ein Baldachin über den Polstern und Kissen, welcher den Kindern viel Sicherheit und Geborgenheit gibt.

## Der Spiegelraum – zum Experimentieren,
## Beobachten und Wahrnehmen

Kinder lieben es vor einem Spiegel (möglichst unzerbrechlich) zu stehen, sich zu verschönern oder einfach nur zu betrachten. Eine besondere Faszination üben auf Kinder auch Verzerrspiegel aus, die sie beispielsweise ganz schlank oder ganz dick und kurz erscheinen lassen.

Aber auch ein Spiegelzelt, bei dem sich Kinder von allen Seiten betrachten können, eröffnet völlig neue Perspektiven und Sichtweisen, die so im Alltag verschlossen bleiben. Deshalb sollten neben einer Verkleidungskiste für Rollenspiele auch unterschiedliche Materialien zum Legen und Bauen, wie Muscheln, Mosaikteilchen und Holzbausteine im Spiegelraum vorhanden sein. Besonders faszinierend ist es außerdem, wenn man beispielsweise eine angezündete Kerze im Spielzelt aufleuchten lässt und auf diese Weise einen Sternenhimmel erblickt.

## Der Musikraum – zur Stimulation und Entspannung, sowie für das aktive Musizieren

Das Spielen auf Musikinstrumenten macht allen Kindern sehr viel Spaß. Vor allem wenn die Kinder spontan die Instrumente benützen dürfen, wird beinahe unbemerkt der Gehörsinn, das Rhythmus- und Taktgefühl, sowie die Freude am Musizieren gefördert. Indem die Kinder auf einem Musikinstrument spielen, können sie aber auch ihre Emotionen herauslassen und so vielleicht ihren momentanen Frust und Ärger besser verarbeiten. Spaß und Freude bereitet es Kindern zudem, wenn sie in einem ansprechenden Musikraum ganz unbefangen und ohne äußere Störeinflüssen miteinander Musik machen können. Neben den bekannten Orffinstrumenten, wie Röhrentrommel, Triangel, Klangstäbe und Tamburin sowie Percussioninstrumenten (z. B. Rainmaker, Schamanenrassel und Chekere), welche teilweise selbsthergestellt werden können und die alle griffbereit in einem Musikwagen oder „offenen" Musikschrank liegen sollten, gibt es darüber hinaus weniger gängige Therapieinstrumente. Eine Tenor-Schlitztrommel oder eine Klangwiege beispielsweise berühren mit ihren warmen Tönen den Körper des liegenden Kindes angenehm. Solche Instrumente sind Balsam für die Seele und lassen sich

gezielt bei aggressiven, nervösen und unruhigen Kindern zur Entspannung und Beruhigung einsetzen.

## Der Theaterraum – zum Ausleben von Gefühlen und Verarbeiten von Erlebnissen

Eine möglichst fahrbare Rollenspielgarderobe zum Aufbewahren von Kleidern, Schuhen und Hüten sollte zu einem Theaterraum für Kinder gehören. Des weiteren werden ein großer unzerbrechlicher Spiegel am besten aus Acryl-Sicherheitsglas, ein Schminktisch und leicht wegzuschiebende Sitzelemente benötigt. Damit das Rollenspiel der Kinder einen würdigen Rahmen erhält, sollte dies auf einer leicht aufzubauenden Bühne mit möglichst lichtundurchlässigen Vorhängen zum Auf- und Zuziehen stattfinden. Um die Atmosphäre auf der Bühne zu bestimmen, eignen sich besonders gut gemalte Szenenbilder und ein kindersicherer Schwachstrom-Scheinwerfer mit integriertem Dimmer. Je nach Bedürfnis der Kinder kann der Raum aber auch für ein Kaspertheater oder Schattenspiel genutzt werden. Vor allem Kindern mit einem geringen Selbstbewusstsein fällt es in der Regel leichter, mit einer Handpuppe oder hinter einem geschützten Raum, wie einem Vorhang, eine Rolle zu spielen.

*Variante:* Das Rollenspielzimmer ohne Bühne und Zuschauer.

# Literaturempfehlungen

## Fachliteratur

*Bartl, Almuth,* **Spiele für die Schule,** Spiele gegen Wut und Aggression, Oldenbourg, München 2000.

*Burow, Fritz, Aßbauer, Martin & Hanewinkel, Reiner,* **Fit und stark fürs Leben,** 1. und 2. Schuljahr, 1998 und 3. und 4. Schuljahr, Klett Schulbuch, Stuttgart 1999.

*Drew, Naomi,* **Kinder lernen zusammen streiten und gemeinsam arbeiten,** Ein Meditations- und Gewaltpräventionsprogramm, Vlg. a. d. Ruhr, Mühlheim 2000.

*Erkert, Andrea,* **Liebe Schnecke, komm heraus!,** Spiele und Anregungen zur Förderung des Selbstwertgefühls und des sozialen Verhaltens, Ökotopia, Münster 2. Aufl. 2002.

*Franke, Ulrike,* **Therapie aggressiver und hyperaktiver Kinder,** Urban & Fischer, 3. neubearb. und erw. Aufl. 1999.

*Friedl, Johanna,* **Aggressive Kinder,** Gesprächshilfen für Erzieherinnen in Kindergarten und Hort, Kaufmann, Lahr 2002.

*Friedrich, Barbara, Zornmichel, Triezliese und Co.,* **Umgang mit kindlichen Aggressionen,** Text-o-phon, Wiesbaden 2001.

*Haug-Schnabel, Gabriele,* **Aggressionen im Kindergarten,** Herder, Freiburg i. Br. 2. Aufl. 2001.

*Kaiser, Thomas,* **Bleib bei mir, wenn ich wütend bin,** Wut und Aggression: So helfe ich meinem Kind, Christophorus, Frbg. i. Br. 2001.

*Kaiser, Thomas,* **Das Wut-weg-Buch,** Spiele, Traumreisen, Entspannung gegen Wut und Aggression bei Kindern, Christophorus, Frbg. i. Br. 2. Aufl. 2001.

*Krowatschek, Dieter,* **Wenn Kinder rot sehen,** Aggressionen erfahren, austragen und verhindern, AOL, Lichtenau 1999.

*Nußbaum, Margret,* **Trotz – lass nach!,** Wenn Kinder in den Streik treten, Christophorus, Frbg. i. Br. 2001.

*Nitsch, Cornelia,* **Der kleine Wüterich,** Spiele und praktischer Rat gegen Aggression und schlechte Laune, Mosaik, München 2000.

*Lisner, Susanne,* **Arbeitsmappe: Der wütende Willi,** Gefühle erkunden und Aggressionen abbauen, Vlg. a. d. Ruhr, Mühlheim 1996.

*Petermann, Franz & Döpfner, Manfred & Schmidt, Martin H.,* **Ratgeber Aggressives Verhalten,** Informationen für Betroffene, Eltern, Lehrer und Erzieher, Hogrefe, Göttingen 2001.

*Petermann Franz & Petermann Ulrike,* **Training mit aggressiven Kindern,** Psychologie, Weinh., 10. vollst. überarb. Aufl. 2001.

*Portmann, Rosemarie,* **Spiele zum Umgang mit Aggressionen,** Don Bosco, 6. Aufl., München 2001.

*Schäfer, Mechthild,* **Aggression und Gewalt unter Kindern und Jugendlichen,** Hogrefe, Göttingen 1999.

*Schilling, Diane,* **Soziales Lernen in der Grundschule,** 50 Übungen, Aktivitäten und Spiele, Vlg. a. d. Ruhr, Mühlheim 2000.

*Sommerfeld, Verena,* **Trotz, Wut, Aggressionen,** Wenn Eltern nicht mehr weiterwissen, Rowohlt TB-V., Mit Kindern leben, Reinbek. vollst. überarb. und erw. Neuausgabe 1999.

*Sommerfeld, Verena,* **Toben, raufen, Kräfte messen,** Ideen, Konzepte und viele Ideen zum Umgang mit Aggressionen, Ökotopia, Münster 3. Aufl. 2002.

*Stein, Arnd,* **Wenn Kinder aggressiv sind,** Wie wir verstehen und helfen können, Rowohlt, Mit Kindern leben, Reinbek 1999.

*Stiefenhofer, Martin,* **55 Tipps … wenn Ihr Kind wütend ist,** Praktische Hilfen – schnell und kompetent, Christophorus, Frbg. i. Br. 2001.

*Struck, Peter,* **Wie schütze ich mein Kind vor Gewalt in der Schule,** Erfolgskonzepte gegen Aggressionen, Eichhorn, Frankfurt a. M. 2001.

## Bilder- und Vorlesebücher

*Aliki,* **Gefühle sind wie Farben,** Beltz

*Enders, Ursula & Wolters, Dorothee,* **Li Lo Le Eigensinn,** Ein Bilderbuch über die eigenen Sinne und Gefühle, Anrich

*Enders, Ursula & Wolters, Dorothee,* **Schön blöd,** Ein Bilderbuch über schöne und blöde Gefühle, Anrich

*Georg, Christine & Mai Manfred,* **Dann hau ich dich!, sagt der kleine Fuchs,** Ravensburger

*Kreul, Holde,* **Ich und meine Gefühle,** Loewe

*Lionni, Leo,* **Das gehört mir!,** Middelhauve

*Mai, Manfred & Geisler, Dagmar,* **Vorlesegeschichten vom Freuen, Streiten und Liebhaben,** Ravensburger

*Manske, Christa & Löffel, Heike,* **Ein Dino zeigt Gefühle,** Donna Vita

*McKee, David,* **Du hast angefangen! Nein, du!,** Sauerländer

*Meyer-Glitza, Erika,* **Wenn Frau Wut zu Besuch kommt,** Therapeutische Geschichten für impulsive Kinder, iskopress

*Nöstlinger, Christine & Nöstlinger, Christiana,* **Anna und die Wut,** Dachs

*Weninger, Brigitte & Tharlet, Eve,* **Pauli – Streit mit Edi,** Neugebauer

# Die Autorin

Andrea Erkert, Jahrgang 1967, ist Erzieherin, Entspannungspädagogin und Fachlehrerin einer Grundschulförderklasse in der Nähe von Stuttgart. Sie hat bereits mehrere Fachbücher für pädagogische Fachkräfte veröffentlicht und bietet zahlreiche Seminarveranstaltungen für Eltern, Erzieher, Lehrer und andere Interessenten zu den Themen Entspannung, Bewegung und Gewaltprävention im In- und Ausland an. Folgende Bücher von Andrea Erkert sind im Don Bosco Verlag erschienen:

**Kinder brauchen Stille**
Entspannungsspiele für Frühling, Sommer, Herbst und Winter
München 2. Aufl. 2000

**Spiele zur Sinnesförderung**
München 2. Aufl. 2001

**Bewegungsspiele für Kinder**
Körpererfahrung und Bewegungsförderung für jeden Tag
München 2001

**Anfragen für ganz- oder halbtägige Seminarveranstaltungen unter der folgenden Adresse (Bitte 1,53 Euro in Briefmarken beilegen):**

Andrea Erkert
Gottlieb-Daimler-Str. 2
71522 Backnang

# Ganzheitliche Spielideen für Ihre Kita

## Alle Bände mit:

– rund 100 praxiserprobten Spielideen
– Hinweisen zur Gruppenstärke
– zu evtl. benötigtem Material
– kurzer theoretischer Einführung
– individuell für die Gruppensituation
   auszuwählenden Angeboten.

ISBN 3-7698-1273-5

ISBN 3-7698-1305-7

ISBN 3-7698-1306-5

ISBN 3-7698-1275-1

ISBN 3-7698-1390-1

# Feste feiern mit Kindern

ISBN 3-7698-1271-9

ISBN 3-7698-1272-7

ISBN 3-7698-1338-3

ISBN 3-7698-1302-2

ISBN 3-7698-1259-X

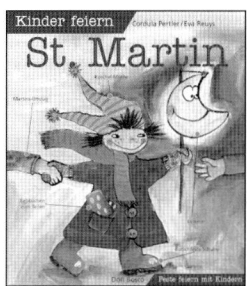

ISBN 3-7698-1260-3

ISBN 3-7698-1303-0

ISBN 3-7698-1368-5

ISBN 3-7698-1386-3

# Ganzheitliche Bildung im Kindergarten

ISBN 3-7698-1372-3

ISBN 37698-1373-1

ISBN 3-7698-1389-8

**Kinder fragen gerne Löcher in den Bauch:**

schlau Mutz & Fux

*DIE BILDUNGSEXPERTEN VON DON BOSCO*

❓ Wie sieht es auf dem Mond aus?

❓ Wo sind die Sterne am Tag?

❓ Wer hat eigentlich die Buchstaben erfunden?

❓ War Opa auch im Kindergarten?

Bei solchen Fragen kommen auch Erwachsene ins Grübeln. Wer sich gemeinsam mit Kindern auf Forschungsreise machen will, bekommt mit jedem Band der neuen Reihe „Bildung fängt im Kindergarten an" jede Menge toller Ideen zum Entdecken, Ausprobieren und Mitmachen. Und für die Erwachsenen gibt es immer die notwendigen Hintergrundinfos, damit sie Kindern die richtige Unterstützung geben können.